Daniela Blickhan

Nerv nicht so, Mama!

W0057478

HERDER / SPEKTRUM

Band 4535

Das Buch

Jedes Kind ist einzigartig und erlebt die Welt auf seine eigene, ganz persönliche Weise. Diese Erfahrungen wirken sich direkt auf sein Verhalten aus. Das Kind trifft – meist unbewußt – in jeder Situation die subjektiv beste Wahl, die ihm zur Verfügung steht. Ein Kind, das sich in den Augen der Umwelt „falsch" verhält, tut dies nicht etwa aus böser Absicht oder weil es etwas Schlechtes will, sondern weil ihm in dieser Situation keine andere Verhaltensmöglichkeiten offenstehen. Im täglichen Leben mit Kindern gibt es immer wieder Probleme – bedeutet das, daß deshalb die Kinder schwierig sind?

Die Autorin zeigt in ihrem Buch, wie Eltern mit Hilfe von NLP in offenen und positiven Kontakt mit ihren Kindern treten können. Sie bieten Hilfen an, wie Eltern eigene festgefahrene Vorstellungen auflösen und alte Denkmuster verändern können, um so den Rahmen des täglichen Zusammenlebens in der Familie einfacher, streßfreier und positiver zu gestalten. Wenn es den Eltern gelingt, mit problematischen Situationen konstruktiv umzugehen, können Eltern und Kinder gemeinsam wachsen. Auf dieser Basis können Eltern ihre Kinder in ihrer ganz persönlichen Entwicklung unterstützen, statt sie nur nach ihren eigenen Vorstellungen zu formen.

Das Buch stellt manche eingefahrenen Gewohnheiten und alten Vorstellungen in Frage. Es bleibt dabei aber nicht stehen, sondern bietet anhand zahlreicher sorgfältig ausgewählter Alltagsbeispiele wirksame Alternativen an. Ein Ratgeber aus der Praxis – die Autorin ist selbst Mutter von zwei Kindern – für die Praxis.

Die Autorin

Daniela *Blickhan* ist Diplom-Psychologin. Sie arbeitet als Psychotherapeutin in eigener Praxis. Als NLP-Lehrtrainerin leitet sie gemeinsam mit ihrem Mann Claus Blickhan das INNTAL INSTITUT für NLP. Fortbildung in Gestalt- und Gesprächspsychotherapie, körperorientierter Psychotherapie und Yoga.

Bisher sind von ihr erschienen:
„*Denken, Fühlen, Leben. Vom bewußten Wahrnehmen zum kreativen Handeln mit NLP*", eine leichtverständliche Einführung in NLP mit zahlreichen praktischen Anwendungsbeispielen (mvg, 5. Auflage 1996), „*Mit Kindern wachsen. NLP im Alltag*", ein Elternratgeber bei Junfermann, der bereits im ersten Jahr in die 2. Auflage kam.

Daniela Blickhan

Nerv nicht so, Mama!

Wie Eltern sich und ihren Kindern
mit NLP helfen können

Mit Illustrationen von
Ruth Wild

Herder

Freiburg · Basel · Wien

Gedruckt auf umweltfreundlichem,
chlorfrei gebleichtem Papier

Originalausgabe

Alle Rechte vorbehalten – Printed in Germany
© Verlag Herder Freiburg im Breisgau 1997
Satz: Fotosetzerei G. Scheydecker, Freiburg im Breisgau
Herstellung: Freiburger Graphische Betriebe 1997
Umschlaggestaltung: Joseph Pölzelbauer
Umschlagmotiv: © Mauritius
ISBN 3-451-04535-4

Inhalt

Einleitung

Nerv nicht so, Mama!

Ein ganz normaler Montag-Abend

19.50 Uhr

Andreas ist 7 Jahre alt und geht in die erste Klasse. Sein kleiner Bruder Martin besucht noch den Kindergarten. Abends, wenn die beiden eigentlich ins Bett sollten, geht es oft hoch her. „Wir spielen gerade so schön – bitte laß uns noch fünf Minuten aufbleiben!" Die Mutter ist selbst müde und genervt vom Tag und nicht mehr die geduldigste – so kommt eins zum anderen, und schließlich wird es wieder laut. „Es ist jetzt schon 8 Uhr, und ihr seid immer noch nicht im Bad fertig. Morgen ist wieder Schule, und du mußt aufstehen, Andreas. Wenn du weiter so trödelst, bist du morgen wieder hundemüde und kommst nicht aus den Federn." – „Ich will jetzt nur noch das Lego-Flugzeug fertig bauen und die Polizeistation, und dann beeile ich mich auch im Bad, ganz bestimmt." – „Nein, das wird zu spät. Du gehst jetzt sofort ins Bad – und du auch, Martin! Wenn ihr nicht in fünf Minuten im Bett liegt, dann lese ich euch heute keine Geschichte mehr vor!" Maulend geht Andreas ins Bad, Martin kommt widerstrebend hinterher, nachdem ihn die Mutter von seiner Ritterburg losgeeist hat.

20.15 Uhr

Natürlich dauert es länger als fünf Minuten, bis die beiden ausgezogen, gewaschen sind und im Bett liegen. Doch die Mutter will nun auch nicht so sein und liest noch eine kurze Geschichte vor. Im Grunde ist es ihr sehr wichtig, ihre Kinder in einer friedlichen Stimmung ins Bett zu bringen, damit sie leicht einschlafen können. Doch das klappt in den seltensten Fällen, und sie macht sich manchmal deswegen Vorwürfe.

Nach dem Gute-Nacht-Kuß macht die Mutter in den Kinderzimmern das Licht aus und geht aufatmend ins Wohnzimmer, um ihren Feierabend zu genießen, auf den sie sich schon seit zwei Stunden freut. Ihr Mann ist beruflich unterwegs, und sie freut sich auf einen friedlichen Abend. Gerade hat sie es sich eine Viertelstunde mit einem Buch auf der Couch gemütlich gemacht, da hört sie im Flur kleine Füßchen ... „Mama, ich habe noch so einen Hunger ..." Martin steht im Schlafanzug da und schaut sie treuherzig an. Die Mutter will gerade anfangen zu schimpfen, da fällt ihr ein, wie wenig Appetit Martin beim Abendessen hatte. Er wird doch nicht krank werden? Und man kann ja ein Kind nicht hungrig ins Bett schicken, das wäre grausam. Also bekommt Martin noch eine Banane. Danach müssen natürlich noch einmal die Zähne geputzt werden, und nach weiteren zehn Minuten liegt er endlich wieder im Bett. Aus Andreas' Zimmer ist nichts mehr zu hören; er scheint schon eingeschlafen zu sein. Die Mutter geht wieder ins Wohnzimmer und will weiterlesen, da klingelt das Telefon. Eine alte Freundin ruft nach langer Zeit wieder einmal an. Das Gespräch dauert eine ganze Zeit, denn es gibt viel zu erzählen.

21.40 Uhr

Als die Mutter schließlich den Hörer auflegt und wieder zu ihrem Buch zurückkehren möchte, hört sie Andreas rufen. Er sitzt im Bett, offensichtlich hellwach, und möchte ihr unbedingt noch etwas ganz Wichtiges erzählen. Die Mutter erschrickt, als sie auf die Uhr sieht, denn mittlerweile geht es auf 10 Uhr. „Jetzt ist aber endgültig Schluß! Das kannst du mir alles morgen erzählen – du mußt jetzt endlich schlafen. Morgen ist schließlich Schule!" „Das ist aber ganz wichtig, Mama, das muß ich dir unbedingt erzählen!" „Nein, heute nicht mehr. Du schläfst jetzt endlich, hörst du?!" Sie macht das Licht aus und schließt mit Nachdruck die Tür. Die rechte Ruhe zum Lesen will sich nicht einstellen, denn sie horcht mit halbem Ohr, ob sie noch etwas von Andreas hört. Und wirklich, nach zehn Minuten kommt er wieder heraus und muß unbedingt noch etwas trinken. Nach weiteren zehn Minuten muß er dann natürlich noch zur Toilette ... Und im übrigen kann er sowieso nicht schlafen und möchte lieber noch Cassette hören. – Der Mutter gehen nun endgültig die Nerven durch, und sie schreit ihn an, daß er jetzt endlich schlafen soll. Andreas ist übermüdet, schreit zurück und schimpft. Die Mutter kann selbst nicht mehr, schreit „Schlaf jetzt endlich!" und knallt die Zimmertür zu. „Du nervst echt, Mama!" hört sie Andreas rufen, doch sie reagiert nicht mehr darauf und geht.

Sie macht sich Sorgen, weil Andreas am nächsten Tag unausgeschlafen in die Schule gehen wird und es dann dort wieder Probleme gibt. Und wenn er so müde ist, trödelt er am Nachmittag bei den Hausaufgaben noch mehr, so daß es am Nachmittag sicher wieder Streit deswegen geben wird. So gehen ihre Gedanken weiter, und das Buch bleibt ungelesen in der Sofaecke liegen.

22.30 Uhr

Nach einiger Zeit geht sie noch einmal in die Kinderzimmer, um nach den Kindern zu schauen. Martin schläft fest. Sie deckt ihn zu, denn seine Bettdecke liegt wieder einmal irgendwo am Fußende. Andreas schläft endlich auch, und sie bleibt an seinem Bett stehen. Sie erinnert sich an die unruhigen Nächte, als er noch klein war, an die Zeit der Alpträume und an die vielen Nächte der letzten Zeit, als er abends immer so schwer in den Schlaf fand.

Es tut ihr leid, daß sie heute wieder geschrien hat, denn theoretisch ist ihr durchaus klar, daß Streit und Mißstimmung Andreas nur noch schlechter schlafen lassen. Vielleicht hat er ja auch neulich abends beim Ehekrach noch etwas mitgehört und macht sich deswegen Sorgen, die er aber natürlich nicht ausspricht? Müde fällt die Mutter schließlich in ihr eigenes Bett und nimmt sich vor, in den nächsten Tagen abends geduldiger mit ihren Söhnen zu sein, besonders mit Andreas.

Der psychologische Hintergrund dieses Buches

„Warum habe ich solche Schwierigkeiten mit meinem Kind?" „Was macht man mit schwierigen Kindern?" „Warum machen mir meine Kinder solche Probleme?"

Diese und ähnliche Fragen stellen viele Eltern an ErzieherInnen, Lehrer, Erziehungsberater, befreundete Eltern oder auch kinderlose Freunde. Je nachdem, wen sie fragen, bekommen sie die unterschiedlichsten Antworten. Gute Ratschläge scheinen zunächst zu helfen, versagen aber oft im Alltag. Im Zusammenleben von Eltern und Kindern treten immer wieder Probleme auf – bedeutet das, daß deshalb *die Kinder* schwierig sind? Gibt es Patentlösungen für Probleme mit Kindern? Was hilft Eltern wirklich weiter?

Leben mit Kindern – ist es anstrengend oder herausfordernd? Kinder bringen unser Denken, Fühlen und Leben oft ganz schön durcheinander. Gelingt es uns, dieses Durcheinanderbringen eingefahrener Strukturen als Herausforderung zu sehen, dann haben wir die Chance, gemeinsam zu wachsen. Je nachdem, für welche Wertung wir uns entscheiden, wird unser Leben anstrengend, schwierig, „nervig" oder aber interessant, spannend, mit vielen Chancen zum Lernen.

Diese Grundüberzeugung war schon im alten Rom bekannt:

> „Nicht die Dinge sind es, die schwierig sind,
> sondern unsere Vorstellung von den Dingen."

In diesem Buch gibt es deshalb keine Rezepte nach dem Motto „Wie ändere ich mein Kind, damit es mich weniger nervt?" Vielmehr wird es darum gehen, wie wir als Mutter, Vater, ErzieherIn … uns selbst so unterstützen können, daß wir unseren

Kindern das geben, was für sie am wichtigsten ist: Liebe, Freiheit und den Raum, den sie brauchen, um zu wachsen. Wenn Eltern sich nur über ihre nervigen Kinder beklagen, schieben sie die Last des Sündenbocks ihren Kindern zu. Das ist zwar zunächst entlastend, doch langfristig wird es kaum zur Verbesserung der Beziehung beitragen. Wenn wir als Erwachsene auch einmal durch die „Brille" der Kinder sehen und die Welt aus ihrem Blickwinkel betrachten, eröffnen sich neue Ansatzpunkte, um eingefahrene Probleme zu lösen.

Manche Menschen stören sich an der sprichwörtlichen Fliege an der Wand. Was tut die Fliege eigentlich, außer daß sie an der Wand sitzt? Welcher Denkprozeß führt dazu, daß sich ein Mensch an dieser Tatsache stört? „Nerv nicht so, Mama" – als Erinnerung an die Frage „Wer nervt hier eigentlich?"

Kinder sind unsere große Chance. Im Leben mit ihnen können wir Qualitäten unserer eigenen Kindheit wiederentdecken, die im normalen Alltag von uns Erwachsenen oft verschüttet sind: spielerisches, offenes Zugehen auf die Welt, Offenheit und Neugier, Lebensmut und Energie. Wenn Eltern die Neugier und den Mut aufbringen, gemeinsam mit ihren Kindern neue Wege zu gehen, in denen beide voneinander lernen – dann wird unsere Welt Stück für Stück „freundlicher" und lebenswerter.

In diesem Buch werden wir eine ganz bestimmte „Brille" aufsetzen, nämlich die des NLP, einer moderne psychologischen Richtung, die gerade für den Alltag wertvolle Hinweise und Ansatzpunkte bietet. NLP ist eine Abkürzung und heißt „Neurolinguistisches Programmieren" – lassen Sie sich von diesem Un-Wort bitte nicht abschrecken! Der komplizierte Name „Neurolinguistisches Programmieren" läßt sich recht einfach erklären: NLP befaßt sich mit den Zusammenhängen von

körperlichen Vorgängen („Neuro-"),
Sprache („-linguistisches") und
inneren Verarbeitungsprozessen („-Programmieren").

Es besteht eine dauernde Wechselwirkung zwischen Körper, Geist und Seele – oder anders gesagt zwischen dem, was wir erleben, denken, fühlen und der Art und Weise, wie wir handeln. Keiner dieser „Teile" existiert unabhängig von den anderen; alle sind eng miteinander vernetzt. Mit NLP können wir lernen, diese Zusammenhänge zu verstehen und zu nutzen.

NLP ist in den letzten fünfzehn Jahren zunehmend bekannt geworden. Ursprünglich wurde es als psychotherapeutische Methode entwickelt, doch heute wird es überall eingesetzt, wo Menschen miteinander zu tun haben: in der Schule, im Berufsleben, in der Ausbildung, in der Psychotherapie und natürlich auch im Alltag. Uns interessiert hier der Bereich Alltag und Familie. Wie läßt sich NLP auch im Privatleben einsetzen? Können Familien davon profitieren? Welche Ansatzpunkte bietet NLP für den konkreten Alltag mit Kindern?

Die Kernaussage von NLP läßt sich in einen einfachen Satz fassen:

> NLP hilft Menschen,
> ihre Ziele zu erkennen,
> sich selbst und andere besser zu verstehen und
> belastende Erfahrungen zu verarbeiten.

Das Menschenbild des NLP beschreibt den Menschen als einzigartig, wertvoll und lernfähig. Diese Sichtweise legt den Grundstein zu einer liebevollen Beziehung zwischen Eltern und Kindern, in der Eltern den Kindern helfen, sich zu verantwortungsvollen, selbständigen Menschen zu entwickeln. Die Kapitel dieses Buches orientieren sich jeweils an einer zentralen Grundaussage des NLP und ihrer Anwendung auf alltägliche Situationen und Probleme im Leben mit Kindern. Am Ende jedes Kapitels finden Sie Vorschläge, wie Sie die Inhalte gezielt in Ihrem Alltag anwenden und üben können.

Mein persönlicher Hintergrund

Ich habe NLP vor rund zehn Jahren kennengelernt. In meiner Arbeit als Psychotherapeutin profitiere ich von der positiven Grundhaltung und den effektiven Methoden des NLP.

Nachdem unsere beiden Kinder zu Welt gekommen waren, traten Arbeit und NLP für mich erst einmal ziemlich in den Hintergrund. Ich schlug mich mit den gleichen Problemen herum wie sicher die meisten anderen Eltern auch. Gerade wegen meiner Kenntnisse aus Psychologie und Therapie fiel mir manches noch schwerer, denn ich konnte die negativen Auswirkungen meiner Fehler im Umgang mit den Kindern ja auch noch rational erklären! Indem ich mein erstes Buch über NLP im Alltag mit Kindern schrieb[1], bildeten sich für mich selbst viele Brücken zwischen meinem beruflichen Wissen und dem Alltag in unserer Familie. An diesen Brücken baue ich stetig weiter.

In der Beratung werde ich manchmal mit der Frage konfrontiert: „Wann werde ich es denn endlich einmal geschafft haben?" Ich mache immer wieder die Erfahrung, daß es nicht darum geht, einem abstrakten Ziel nachzujagen, zum Beispiel eine gute Mutter oder ein guter Vater zu sein. Wenn wir unseren ganz normalen Alltag als Gelegenheit sehen, um ständig neue Erfahrungen zu machen, zu lernen, auszuprobieren, bestätigt zu werden und unseren Kurs zu überprüfen, bleiben wir lebendig. In diesem lebendigen Wachstum bieten wir unseren Kindern das beste Vorbild, das sie für ihr eigenes Leben brauchen.

Das Wichtigste, was ich von meinen Kindern gelernt habe (und ständig aufs neue lerne), ist die Bereitschaft, vieles auch einmal ganz anders zu betrachten. Anfangs fällt es oft schwer, eingefahrene Reaktionen zu verändern, und man fragt sich: „Warum habe ich schon wieder so reagiert – und nicht anders?" Doch diese Frage ist schon der erste Schritt zur Veränderung der eigenen Reaktion, denn das Bewußtwerden geschieht mit

---

[1] siehe „Weiterführende Literatur" am Ende dieses Buches

der Zeit immer früher, so daß wir schließlich rechtzeitig umschwenken können und tatsächlich anders reagieren. Kinder brauchen Zeit und Raum zum Wachsen. Dasselbe gilt für uns Eltern! Wer sich unter starken Zeit- und Erfolgsdruck setzt, legt sich selbst Hindernisse in den Weg. Entwicklung braucht zwei wesentlichen Faktoren: einen „Motor" der Entwicklung und die Zeit, die für die Entwicklung nötig ist. Der „Motor" kann unbewußt sein – denken Sie nur an ein Kind, das Laufen lernt. Es hat sich diese Entwicklung sicher nicht bewußt vorgenommen und lernt dennoch das Laufen „von selbst". Viele Entwicklungsprozesse können wir durch bewußte Ziele und eigene Schritte mitgestalten. Doch der „Motor" wird nie allein vom Bewußtsein gespeist; immer werden unsere unbewußten Anteile dabei mitwirken. Und diese Prozesse brauchen eine bestimmte Zeit, jeder auf seine eigene Weise. Im Umgang mit Kindern lernt man unweigerlich, was es heißt, Geduld zu haben. Haben Sie ruhig auch einmal Geduld mit sich selbst!

Persönliche Entwicklung bedeutet, eigene belastende Erfahrungen zu bewältigen. Auch Eltern waren einmal Kinder. Welche Erfahrungen haben wir damals gemacht – und wie beeinflussen diese noch heute den Umgang mit unseren eigenen Kindern? Was davon ist hilfreich, was belastend? Wie gehen wir damit um, daß wir uns in manchen Situationen ebenso verhalten wie unsere Eltern – obwohl wir das doch eigentlich niemals wollten? Mit diesen Fragen beschäftigen wir uns in den letzten Kapiteln.

Die Leitgedanken dieses Buches sind also: „Was kann ich *für mich selbst* tun, damit ich so mit meinem Kind umgehen kann, wie es für uns beide angemessen ist?" Erst danach stellt sich die Frage „Was kann ich *für mein Kind* tun?" – und nicht etwa „Wie kann ich mein Kind ändern?"

Kapitel 1

Jedes Kind ist einzigartig

Paare, die ihr erstes Kind bekommen, bestaunen ihr Baby wie ein kleines Wunder. „Ich könnte sie stundenlang nur anschauen." „Sieh nur, wie er lächelt. Und diese winzigkleinen Hände …" Kinder sind etwas Wunderbares, und ich wünsche allen Eltern, daß sie sich dieses Staunen über ihr Kind so lange wie möglich bewahren. Wenn die süßen Babys zu eigenwilligen Kindern mit eigenen Vorstellungen und eisernem Willen heranwachsen, mag es uns erst einmal schwerer fallen, sie mit der gleichen Hingebung zu bewundern. Die Zeit des schweigenden Staunens ist dann in der Regel vorbei. Statt dessen wird mehr geredet, diskutiert und immer wieder auch gekämpft. Je stärker die Kinder ihre eigene Persönlichkeit entwickeln, desto mehr mögliche Reibungspunkte tauchen zwischen Eltern und Kindern auf. Andererseits gibt uns gerade diese Entwicklung der Persönlichkeit bei größeren Kindern ganz andere Gelegenheiten, über unsere Kinder ins Staunen zu geraten!

Kinder verändern die Welt

Aus einem kinderlosen Paar wird mit der Geburt des Babys eine Familie: Vater-Mutter-Kind. Alle drei gewöhnen sich täglich mehr aneinander, und schließlich können sich die Eltern ihr „Leben vor dem Kind" gar nicht mehr so recht vorstellen. „Was haben wir damals eigentlich den ganzen Tag gemacht? Wir müssen ja unendlich viel Zeit gehabt haben …" Leider erkennt man das in der Regel erst im Rückblick. Durch das Leben mit einem Baby ändert sich das eigene Leben von Grund auf. Was vorher selbstverständlich schien, ist plötzlich in Frage gestellt. Bisher schlief man, wenn man müde war, teilte sich seine Zeit im großen und ganzen selbst ein und bestimmte über den Wechsel von Ruhepausen und Aktivität. Das ist von heute auf morgen anders geworden. Das Baby steht plötzlich im Mittelpunkt des Lebens, und alles richtet sich nach ihm.

Besonders deutlich wird diese umfassende Veränderung des eigenen Lebens im Vergleich mit kinderlosen Paaren. Die äußeren Umstände der Lebensgestaltung haben sich durch die Geburt des ersten Kindes geändert, und auch die persönlichen Werte und Ziele haben eine andere Bedeutung gewonnen. Nicht selten gehen Freundschaften in dieser Zeit in die Brüche oder doch zumindest auf Distanz. Für die kinderlosen Freunde ist es sehr schwer nachzuvollziehen, daß sich die gesamte gemeinsame Planung nun nach dem Baby richten soll. „In letzter Zeit haben wir gar nichts mehr gemeinsam unternommen. Früher sind wir doch oft spontan zusammen ausgegangen. Und so ein kleines Baby kann doch in der Tragetasche überall mit hin." Die generalstabsmäßige Planung, die nur für einen Restaurantbesuch nötig ist (Wickeln, Ersatzkleidung einpacken, Stillen bzw. Füttern, Schlafenszeiten beachten …) verhindert viele spontane Aktivitäten. Doch das läßt sich schwer vermitteln – erst wenn die kinderlosen Freunde selbst Eltern geworden sind, wächst ihr Verständnis dafür von selbst. In dieser Zeit können sich auch vorübergehend abgekühlte Freundschaften wieder erwärmen, denn man hat eine neue gemeinsame Basis gefunden.

Doch die anstrengende Zeit mit einem Säugling geht irgendwann einmal vorbei. Das Kind wird größer, und mit ihm wächst die Möglichkeit der Eltern, auch wieder Zeit und Freiraum für sich selbst, für Freunde, eigene Interessen oder den Beruf zu haben. In dieser Phase erwacht oft der Wunsch nach einem zweiten Kind. „Erst mit zwei Kindern sind wir eine richtige Familie. Ein Kind und zwei Erwachsene – das ist nicht im Gleichgewicht. Erst mit zwei Kindern sind wir komplett." Beobachtungen im Freundeskreis oder bei Verwandten mit mehreren Kindern tragen ihren Teil dazu bei, den Wunsch nach einem zweiten Kind zu vertiefen. Die durchschnittliche Kinderzahl liegt in Deutschland bei knapp zwei, der Altersabstand von Geschwisterkindern beträgt im Schnitt zwei bis drei Jahre. Ich selbst konnte mir lange nicht vorstellen, genug Energie und Kraft für ein zweites Kind zu haben, zumal unsere erste Tochter schon sehr lebendig war. Doch da gab es Nachbarskinder, die „zu zweit" waren und offensichtlich sehr davon profitierten, ebenso Geschwisterkinder im Freundeskreis. Im Laufe der Zeit. dachte ich mir immer öfter, daß Geschwister einfach eine ganze Menge mehr Möglichkeiten und Erfahrungen haben – nicht zuletzt, weil ich selbst als Einzelkind aufgewachsen bin.

Nehmen wir also einmal an, auch ein Elternpaar mit einem kleinen Kind entscheidet sich für ein zweites Kind. Wenn der Zeitpunkt der Geburt in greifbare Nähe rückt, fragen sich die Eltern (häufig ist es vor allem die Mutter), ob sie denn dieses zweite Kind genauso lieben werden wie ihr erstes. Die Beziehung zu ihrem ersten Kind ist ja etwas ganz Besonderes und Einzigartiges. Durch dieses Kind wurden sie zu Eltern und haben eine umfassende Veränderung ihres Lebens, ihrer Werte und Ziele erfahren. Wie wird das beim zweiten Kind werden? In dieser Situation hört man häufig Fragen wie die folgenden: „Ist für das zweite Kind überhaupt noch Liebe ‚übrig' – oder nehme ich damit meinem ersten Kind etwas weg?" „Kann ein zweites Kind denn so liebenswert sein wie unser erstes?" „Wir sind ein tolles Team, mein Kind und ich. Wie paßt da jetzt ein Dritter hinein?" Derartige Fragen beschäftigen viele Eltern. Manche sprechen ihre Befürchtungen aus, andere nicht. Doch in jedem Fall werden alle Antworten zunächst theoretisch bleiben, denn das zweite Kind ist ja noch nicht auf der Welt. Auch Erfahrungsberichte anderer Eltern, die die Situation mit mehreren Kindern bereits kennen, helfen nicht unbedingt weiter. Manche Paare mit einem Noch-Einzelkind antworten dann: „Ihr habt ja euer zweites Kind schon und wißt, wie das ist. Wir warten noch und können uns die neue Situation einfach nicht vorstellen. Woher sollen wir denn wissen, ob auch wir genug Liebe für beide Kinder haben werden?"

Wenn das zweite Kind zur Welt kommt, ist zunächst einmal gar nicht mehr so viel Zeit für derartige Überlegungen, denn der Neuankömmling schüttelt das ganze Familiensystem gehörig durcheinander. Die Eltern haben plötzlich noch viel weniger Zeit für sich, weil das Baby sie braucht. Und wenn es schläft, wollen sie sich umso mehr um ihr erstes Kind kümmern, das vielleicht eifersüchtig oder trotzig reagiert. Überhaupt ist alles ganz anders, als sie es sich vorgestellt hatten. „Zwei Kinder sind nicht nur doppelte Arbeit, sondern Streß hoch zwei", beschreiben Eltern die Situation recht treffend.

Wenn sich die erste Unruhe legt und wieder Ruhe in die Familie einkehrt, werden die Eltern in der Regel erstaunt feststellen, daß sich die Frage, wie lieb sie welches ihrer Kinder haben, in dieser Form gar nicht mehr stellt – denn sie lieben jedes ihrer Kinder auf seine ganz eigene Weise. Sicher machen sie sich Gedanken um die Zeit, die sie mit jedem verbringen, oder die Zahl der Streicheleinheiten. Das Baby braucht viel körperliche Nähe, Pflege und Zuwendung. Hier muß man immer wieder auf das nötige Gleichgewicht achten, damit das „große" Kind, das einem seit der Geburt des Babys plötzlich so viel größer und selbständiger scheint, nicht zu kurz kommt. Doch die Frage, ob man ein Kind mehr oder weniger lieb hat, stellt sich in dieser Phase kaum mehr, denn sie hat sich teilweise bereits beantwortet. Jedes der Kinder ist auf seine eigene, ganz besondere Weise liebenswert. Die Liebe zum zweiten Kind scheint oft sogar die Zuneigung zu vertiefen, die man für sein großes Kind spürt.

Je größer das zweite Kind wird, desto deutlicher zeigt sich, daß es seinem Geschwister zwar in manchen Dingen ähnelt, sich aber in vielen Wesenszügen völlig von ihm unterscheidet. Und bei dritten, vierten oder weiteren Kindern wird es wieder ebenso sein: Jedes Kind bringt seine individuellen Anlagen mit. In der Wechselwirkung mit der Umwelt, in der es aufwächst, formt sich daraus die Persönlichkeit. Eltern lieben jedes Kind auf seine eigene Weise, denn jedes ist unverwechselbar.

Was ist „Anlage", was „Umwelt-Seite" der Persönlichkeit? Über den Anteil von vererbten und erlernten Wesenszügen und Verhaltensweisen streiten sich die Wissenschaftler seit vielen Jahrzehnten. Es steht mittlerweile fest, daß beide Faktoren eine wichtige Rolle spielen und keiner vernachlässigt werden kann: Wir bringen unser Erbe mit in die Welt, in der wir immer aufs neue lernen und uns weiterentwickeln. Das Erbe ist uns genetisch vorbestimmt und bildet sozusagen das Rohmaterial. Je nachdem, in welcher Umwelt wir aufwachsen und welche Erfahrungen wir dabei machen, entwickelt sich daraus unsere eigene, unverwechselbare Persönlichkeit.

Der Einfluß der Umwelt zeigt sich oft besonders deutlich im aktuellen Verhalten. „Er benimmt sich genau wie sein Vater." „Seit unsere Tochter von zu Hause ausgezogen ist und studiert, erkenne ich sie kaum wieder. Sie spricht anders, kleidet sich anders und ist gar nicht mehr die alte." Doch auch bei scheinbar rein körperlichen Aspekten spielt die Umwelt eine wichtige Rolle. In den letzten Jahren wurde nach möglichen Ursachen für die steigende Zahl von Allergien bei Kindern gesucht. Eine der zahlreichen aktuellen Hypothesen bezieht den Zeitpunkt der Geburt mit ein: So zeigte sich, daß Kinder, die im Frühjahr geboren sind, häufiger an Heuschnupfen leiden als „Herbst-Babys". Von der Allergie-Veranlagung her waren die Babys gleich, dennoch bekamen die Frühjahrs-Babys überdurchschnittlich häufiger Heuschnupfen als die anderen. Wie läßt sich das erklären? Je nach Jahreszeit sind die Babys unterschiedlichen Mengen an allergieauslösenden Stoffen (Blütenpollen) ausgesetzt. Die Frühjahrs-Babys kommen sehr bald nach der Geburt in eine „pollen-reiche" Umwelt: Von Mai bis Juli fliegt die größte Pollenmenge durch die Luft. Ihr Immunsystem muß sich also zu einem frühen Zeitpunkt mit den Allergenen auseinandersetzen. Babys, die im Herbst oder Winter geboren wurden, haben länger Zeit, denn sie begegnen den Pollen erst im nächsten Sommer – und da sind sie schon mindestes ein halbes Jahr alt. Gerade die ersten sechs Monate sind für die Ausbildung von Allergien eine kritische Zeit. Die Umwelt spielt also eine entscheidende Rolle, und das auch bei Phänomenen, die man zunächst eher der Veranlagung zuschreiben möchte. Letztendlich wird keine klare Trennung zwischen Erbe und Umwelteinfluß möglich sein, denn wir entwickeln uns immer im Wechselspiel zwischen unseren Anlagen und der Umwelt, in der wir leben.

Betrachten wir die gleiche Familie mit ihren beiden Kindern ein paar Jahre später. Die Kinder sind inzwischen im Schulalter, die Eltern berufstätig, und das Familienleben geht im großen und ganzen seinen geregelten Gang. Manchmal wundern sich die Eltern, wie verschieden sich ihre Kinder doch entwickeln. „Unser Großer ist ein richtiger Denker. Er kann sich stundenlang beschäftigen, bastelt und tüftelt gerne und hat nie Langeweile. Der Kleinere ist da ganz anders. Ständig hat er etwas vor, dauernd ist er in Bewegung und hat scheinbar unbegrenzte Energien. Wenn er sich aufregt, kann er richtig in die Luft gehen – er läßt sich nichts gefallen. Und frech wird er in letzter Zeit! Der Große ist da ganz anders, viel zugänglicher. Ich verstehe das nicht. Wir haben doch beide gleich erzogen – oder etwa nicht?"

Diese Frage ist berechtigt. Sicher hatten die Eltern bei beiden Kindern ähnliche Erziehungsziele und Leitlinien. Das bedeutet aber noch lange nicht, daß beide Kinder auch in der *gleichen* Umwelt aufwachsen. Natürlich leben sie in einer Familie. Diese ist aber beim zweiten Kind schon ganz anders, als sie es bei der Geburt des ersten war. Beim ersten Kind ist für die Eltern alles neu, und sie müssen sich selbst erst in dieser veränderten Situation zurechtfinden. Entsprechend unsicher werden sie manchmal reagieren. Die Geburt des zweiten Kindes bedeutet zudem für das erste immer eine „Entthronung". Plötzlich ist da jemand, der zuvor noch nicht da war und plötzlich ganz viel Zeit und Aufmerksamkeit von den Eltern bekommt. Und dieser Rivale um die Gunst der Eltern scheint auch noch ein Dauergast zu sein! Mit diesem Erlebnis müssen alle Erstgeborenen fertigwerden. Je nach der Familiensituation und dem Verständnis der Eltern und der Umgebung wird das dem Kind leicht oder schwerer fallen.

Kinder, die bereits vorher eine sichere Bindung zu ihren Eltern haben, werden in der Regel mit der Ankunft eines Geschwisterchens leichter fertig. Sie haben sozusagen schon festen Boden unter den Füßen. Kinder, deren Verhältnis zu ihren Eltern von Unsicherheit und Unklarheit geprägt ist, werden größere Schwierigkeiten haben, mit der veränderten Familiensituation fertig zu werden. Was können Eltern tun, um ihr großes Kind zu unterstützen, das Erlebnis der „Entthronung"

angemessen zu verarbeiten? Bereits in der Schwangerschaft ist
Zeit, die Beziehung zum Erstgeborenen zu festigen, falls hier
Unsicherheit herrscht. Wichtig ist vor allem, daß die Mutter ihr
großes Kind jetzt schon ein Stück loslassen kann, damit sie
ihm so den Kontakt und die Bindung zu anderen Personen erleichtert – zum Vater und zu wichtigen Bezugspersonen wie
Großeltern, Freunden etc. Das fällt vielen Müttern nicht leicht,
besonders wenn das Kind noch klein ist. Doch indem sie es be-

reits jetzt „groß" werden lassen, stärken sie sein Selbstvertrauen und bereiten es auf die notwendige Veränderung vor.

Nach der Geburt des Babys muß das große Kind seinen Platz in der Familie neu finden, und dabei braucht es Hilfe. Konkrete Möglichkeiten der Unterstützung sind zum Beispiel Unternehmungen, die ein Elternteil ganz allein mit dem großen Kind macht. Besuch, der sich gleich bewundernd an die Babywiege stellen will, kann sanft umgelenkt werden, damit auch das große Kind Zuwendung und Aufmerksamkeit bekommt. Dem Baby wird es in diesem Alter egal sein, ob es zuerst begrüßt wird – für das große Kind macht es einen gewaltigen Unterschied. Feste Bezugspersonen neben den Eltern helfen dem großen Kind auch, seinen neuen Platz zu finden. Es muß seine neuen Rechte und Pflichten in der Familie erst einmal finden und kennenlernen. Klarheit und Zuverlässigkeit auf seiten der Eltern hilft ihm dabei.

Die zweiten Kinder haben im wahrsten Sinn des Wortes andere Eltern als die Erstgeborenen. Beim zweiten Kind sind die Eltern inzwischen um viele wertvolle Erfahrungen reicher. „Als unsere große Tochter zur Welt kam, war ich noch ganz schön unsicher. Wenn sie mal länger geschlafen hat, wurde ich richtig unruhig und habe immer wieder nach ihr gesehen. Manchmal habe ich sogar kontrolliert, ob sie eigentlich noch atmet ... man hört ja soviel, was passieren kann. Heute freue ich mich einfach, wenn unsere zweite Tochter einmal länger als sonst schläft und genieße die Ruhepause – das heißt, wenn meine Große mich läßt."

Fassen wir zusammen: Jedes Kind ist einzigartig, denn es wird mit seinen ganz persönlichen Anlagen geboren und wächst in einer Welt auf, die es auf seine eigene Art und Weise wahrnimmt und erlebt. Bereits beim zweiten Kind sind die Eltern anders als bei ihrem erstgeborenen Kind und vermitteln ihm deshalb andere Eindrücke. Die Welt ist auch für Geschwisterkinder einer Familie nicht genau die gleiche, denn jedes von ihnen macht darin seine ganz persönlichen und individuellen Erfahrungen. So lassen sich viele Belege dafür finden, daß die Umwelt von Geschwistern beileibe nicht identisch ist.

Selbst wenn sich die Eltern objektiv gleich verhalten gegenüber ihren Kindern, wird ihr Verhalten von jedem Kind unterschiedlich erlebt: von älteren anders als von jüngeren, von Buben anders als von Mädchen, von bildhaft orientierten anders als von „Gefühls-Kindern".

Wir leben also buchstäblich in verschiedenen Welten. Wie sieht das aus der Perspektive des einzelnen Menschen aus? Wie nehmen wir die Welt wahr?

Unser Bild der Welt

Indem wir die Welt Stück um Stück kennenlernen und neue Erfahrungen machen, formt sich unser persönliches Bild der Welt. Einige unserer Erlebnisse sind prägend, andere weniger. Viele Erfahrungen sind uns bewußt, und noch viel mehr bleiben unbewußt. Unbewußte Wahrnehmungen wirken unter Umständen sogar kraftvoller als bewußte. Vielleicht kennen Sie auch die Erfahrung, daß Sie, wenn Sie hungrig durch eine fremde Straße gehen, wesentlich mehr Lokale und „Eßbares" sehen, als wenn Sie dieselbe Straße satt entlangwandern. Untersuchungen haben ergeben, daß Supermarkt-Kunden in der Zeit vor dem Mittagessen wesentlich mehr Dinge in ihren Einkaufswagen packen als zum Beispiel am frühen Nachmittag. Hungrige Kunden kaufen mehr, könnte man sagen.

Von vielen Frauen, die ein Kind erwarten, habe ich gehört, daß sie ständig auf Kinderwagen oder schwangere Frauen treffen. Früher war ihnen das in dieser Form nicht aufgefallen. Das läßt sich auch leicht erklären, denn früher hatten sie gewissermaßen eine andere „Brille" auf. Als werdende Mutter (wohl auch als werdender Vater!) ist man sensibilisiert für alles, was mit Babys und Kindern zusammenhängt.

Betrachten wir uns diese Zusammenhänge einmal näher. Aus unserer Umwelt strömen ständig zahlreiche verschiedene Reize auf uns ein. Durch unsere fünf Sinne nehmen wir diese Reize auf: Wir sehen, hören, fühlen, riechen und schmecken. Man kann die fünf Sinne auch als *Kanäle* bezeichnen, durch die wir die Welt wahrnehmen. Aus dem großen Angebot an Reizen „suchen" wir uns sozusagen einzelne Reize heraus, die dann in unser Bewußtsein gelangen. Diese Auswahl geschieht blitzschnell und bleibt weitgehend unbewußt. Sie ist notwendig zum Überleben, denn sonst würden wir von der Masse der auf uns einstürmenden Reize buchstäblich überwältigt.

Nehmen Sie sich doch einmal kurz Zeit, und achten Sie bewußt auf ihre Umgebung. Was sehen Sie? Beschreiben Sie innerlich die Dinge, die Sie umgeben, ihre Formen, Farben und Kontraste. Während Sie das tun, achten Sie darauf, ob es momentan etwas zu hören gibt. Was hören Sie? Und wie fühlen Sie sich in Ihrem Körper? Atmen Sie tief durch, und entspannen Sie Ihre Schultern … Wann haben Sie aufgehört, auf die visuellen Eindrücke zu achten? – Unser Bewußtsein ist gar nicht in der Lage, mehr als etwa sieben Eindrücke zur gleichen Zeit wahrzunehmen. Kommt ein neuer Reiz hinzu, wird ein alter ausgeblendet. In unserem Beispiel haben Sie wahrscheinlich spätestens dann aufgehört, Ihre Umgebung bewußt zu betrachten, als Sie auf Ihre Körperempfindungen geachtet haben. Dieser Effekt ist uns in der Regel nicht bewußt, denn er ist so elementar wie zum Beispiel das Atmen oder der Herzschlag auf der körperlichen Ebene.

Natürlich können wir die Auswahl von Reizen auch bewußt mitsteuern, zum Beispiel wenn wir etwas suchen oder uns auf eine bestimmte Sache konzentrieren. Doch unser Unbewußtes ist viel schneller und leistungsfähiger als das bewußte Denken. Es sortiert die ankommenden Reize sofort nach bestimmten Kriterien, zum Beispiel: Ist dieser Reiz neu und macht uns deshalb neugierig? Ist ein Reiz gefährlich? Reize, die für unser Überleben wichtig sind, nehmen wir am schnellsten wahr.

Die Reize von außen werden also zuerst gefiltert, so daß nur ein Bruchteil des Reizangebotes unserer Umwelt aufgenommen wird. Diese Reize werden dann innerlich verarbeitet, das heißt bewertet, verglichen mit unseren bisherigen Erfahrungen und einsortiert in unser persönliches „Archiv". So lösen sie eine bestimmte Reaktion aus, die entweder innerlich abläuft oder nach außen sichtbar wird, wenn wir uns auf eine bestimmte Weise verhalten. Diese Reaktionen lassen sich oft nur dann verstehen, wenn man unsere interne Verarbeitung miteinbezieht: all das, was wir glauben, denken und wie wir unsere Erfahrungen in unser persönliches Bild der Welt einordnen. Ein einfaches Beispiel dafür: Sie suchen schon eine ganze Weile Ihren Autoschlüssel und können ihn einfach nicht finden, obwohl sie überall intensiv danach schauen. Plötzlich finden Sie den Schlüsselbund genau dort, wo Sie in der letzten halben Stunde bereits mehrfach gesucht haben. Die Erklärung für dieses seltsame Phänomen ist einfach: Unsere Wahrnehmung wird beeinflußt von dem, was wir wissen, glauben und fühlen. „Da kann der Schlüssel nicht sein, dort habe ich ihn garantiert nicht hingelegt" – durch diese Vor-Einstellung schränken wir unsere Wahrnehmung in diesem Bereich ein und sehen den Schlüssel nicht, obwohl er tatsächlich da liegt.

In unserer Welt gibt es wesentlich mehr als das, was wir Menschen bewußt mitbekommen. Tiere haben zum Beispiel ganz andere Wahrnehmungs-Möglichkeiten: Hunde haben einen besseren Geruchssinn und ein schärferes Gehör. Katzen sehen im dunkeln, Fledermäuse „sehen" per Ultraschall. Manche Fische sind in der Lage, einen einzelnen Tropfen eines Duftstoffes im Bodensee wahrzunehmen – hier ließen sich noch sehr viel mehr Beispiele anführen. Wir Menschen nehmen also nur einen bestimmten Bereich der Welt um uns herum wahr. Und selbst dieser Wahrnehmungsbereich ist nicht für alle Menschen gleich. Abgesehen davon, daß auch Menschen unterschiedlich gut sehen oder hören können – Kinder haben etwa ein viel schärferes Gehör als Erwachsene –, richten wir auch unsere Aufmerksamkeit auf unterschiedliche Bereiche der Realität. Ein Beispiel – ausnahmsweise einmal ohne Kinder[2] – kann das deutlich machen.

---

[2] Bei Erwachsenen lassen sich die Kanäle in der Sprache wohl leichter erkennen. Doch auch Kinder haben schon ihre Lieblings-Kanäle. Je nach Alter und sprachlicher Entwicklung des Kindes ist hier mehr Aufmerksamkeit nötig, um sie herauszufinden. Was nicht unmittelbar über Sprache deutlich wird, läßt sich vielleicht bei Kindern auch an individuellen Vorlieben erkennen. Möglicherweise gibt es auch

Nehmen wir ein Ehepaar, das sich von Herzen gern hat. Der Mann bringt seiner Frau immer wieder einmal Blumen mit, um ihr zu *zeigen*, daß er sie liebt. Die Frau freut sich über die Blumen. Damit sie sich seiner Liebe aber wirklich sicher sein kann, müßte er ihr doch einmal *sagen*, daß er sie liebt! Ihre Andeutungen scheint er partout nicht zu *verstehen* – manchmal geraten sie darüber sogar in Streit. Der Mann seinerseits *sieht* nicht ein, warum seine Frau von ihm etwas *hören* will, denn er *zeigt* ihr ja seine Zuneigung wirklich deutlich.

Das Ehepaar spricht offensichtlich auf verschiedenen Kanälen: Sie will etwas *hören*, um sicher zu sein – er *zeigt* ihr dagegen lieber seine Zuneigung. Beide bevorzugen einen anderen Kanal: Die Frau achtet in diesem Zusammenhang auf das, was sie hört (auditiver Kanal), der Mann auf das, was es zu sehen gibt (visueller Kanal). Das bedeutet allerdings nicht, daß es sich hier um einen auditiven und einen visuellen Typ Mensch handelt. Der jeweilige Lieblingskanal ist zwar für einen bestimmten Menschen typisch und in der Regel auch recht einfach zu erkennen. Er kann sich aber je nach Situation durchaus kurzzeitig ändern: Auch ein visuell orientierter Mensch kann ein Konzert genießen, und ein „Fühler" kann sich an der Schönheit eines Sonnenuntergangs erfreuen. Der Lieblingskanal ist also eine Orientierungshilfe für uns, wenn wir uns bewußt auf unseren Partner einstellen möchten – und keine Schublade, in die der Partner gepreßt werden soll.

Wie erkennt man nun den Lieblingskanal, mit dem der andere die Umwelt bevorzugt wahrnimmt? Hören Sie aufmerksam zu, denn häufig teilt er (oder sie) Ihnen das in seiner Sprache mit – manchmal über das, *was* er sagt, immer aber durch die Art und Weise, *wie* er es sagt. Drei Kanäle finden wir am häufigsten: den visuellen (Sehen), den auditiven (Hören) und den kinästhetischen (Spüren). Schmecken und Riechen spielen in

---

Entwicklungsphasen, in denen ein bestimmtes Sinnessystem besonders im Vordergrund steht. Denken Sie etwa an die typische Sand- und Matsch-Phase: Hier steht das Fühlen und Be-Greifen (kinästhetisch) stark im Vordergrund.

unserem Kulturkreis eher eine untergeordnete Rolle. Entsprechend gibt es „Seh-Wörter" (z. B. klar sehen, deutlich zeigen, sichtbar, offensichtlich, einleuchten), „Hör-Wörter" wie Stimmung, Gleichklang, leise, ruhig, sagen und schließlich „fühlbare Wörter"[3] (z. B. aufgreifen, spüren, entgegenstehen, hineingehen, passen. Eine Liste solcher Wörter finden Sie im nachfolgenden Kasten.

Wörterbuch der Lieblingskanäle

visuell	auditiv	kinästhetisch
sichtlich	lauschen	aufgreifen
unsichtbar	klingen	erleben
übersehen	summen	anknüpfen
gucken	flüstern	annehmen
schielen	pfeifen	umgehen
weitsichtig	schmatzen	hineinbringen
ins Auge fassen	quietschen	einsteigen
schauen	rattern	aufnehmen
deutlich	schwatzen	beibehalten
Absicht	brummen	hängen
Aussicht	brüllen	dabeisein
Rücksicht	gurren	absinken
Vorsicht	knacken	ausführen
farbig	laut	entnehmen
rot, grün, etc.	leise	hineinfinden
hell	schrill	entgegenstehen
dunkel	stumpf	berührt werden
rund	blechern	einbinden
eckig	Töne	aufpeitschen

---

[3] „Fühlbare Wörter" beziehen sich nicht auf Gefühlsäußerungen wie glücklich, traurig oder müde, sondern auf körperliche Empfindungen und den Tastsinn der Haut.

versehen	Musik	erschlagen
schwarzsehen	Knall	ausformen
Horizont	bellen	sich bilden
bestrahlen	trommeln	auf die Schliche kommen
strahlen	taub	schleichen
Bild	Gebelle	schlurfen
ausmalen	knistern	sich regen
Gemälde	rasseln	umarmen
vor Augen haben	summen	ausschließlich
einsehen	stöhnen	abwimmeln
anschaulich	seufzen	schlafen
trüb	tratschen	drücken
neblig	ratschen	drängen
aufzeigen	wiehern	drehen
sehen	raunen	erfüllt
sich zeigen	schnurren	erschlagen
Perspektive	wispern	passen
ansehnlich	sagen	voll
scheinbar	Antwort	rund
Vorschau	Ankündigung	leer
transparent	Donnerwetter	trocken

Auch die Inhalte der Sprache können natürlich Hinweise auf den Lieblingskanal geben. Manchmal ist das offensichtlich: Ein „Schauer" spricht etwa oft und gern über die Schönheit eines Sonnenuntergangs, das einzigartige Farbspiel der Natur und die klare Sicht in den Bergen. Der „Hörer" beschreibt Ihnen lieber die einzigartige Ruhe der Natur, das Vogelgezwitscher oder die schöne Stimmung. Der „Fühler" spricht möglicherweise gar nicht viel, sondern fühlt sich einfach wohl ... Wer aufmerksam hinhört, kann also viele Mißverständnisse vermeiden und sich auf den Kanal des anderen einstellen. Besonders hilfreich ist das in Momenten, in denen die Verständigung nicht so klappt. Hören Sie hier einmal genau hin – sprechen Sie vielleicht gerade auf verschiedenen Kanälen?

Welten begegnen sich

Bisher haben wir uns ausführlich damit beschäftigt, wie wir die Welt wahrnehmen und wie so unser ganz persönliches Bild der Welt entsteht. Welche Bedeutung haben diese Erkenntnisse für den Alltag? Was bedeutet das im Kontakt mit unseren Kindern?

Die meisten Eltern gehen davon aus, daß sie mehr wissen als ihre Kinder. Als Erwachsene verfügen sie über einen wesentlich größeren Schatz an Erfahrungen, Lebensweisheit, Wissen und Fähigkeiten. Erwachsene können logisch denken, Kinder leben im Augenblick, sind von ihren Gefühlen bestimmt und verfügen noch nicht über den nötigen Überblick, den man in unserer Welt braucht. Deshalb sind Kinder auf den Schutz der Erwachsenen angewiesen. All das stimmt zweifellos. Kleine Kinder wären unserer Welt allein nicht gewachsen.

Viele Eltern neigen allerdings dazu, ihren Maßstab als den richtigen zu betrachten. „Das weiß ich doch besser als du. Wenn du erst einmal groß bist, kannst du das vielleicht beurteilen, aber jetzt doch noch nicht." „Was regst du dich denn auf – das ist doch keine große Sache." „So schlimm ist das gar nicht!" Viele solcher Sätze sprechen wir im Leben mit unseren Kindern immer wieder gedankenlos aus. Oft meinen wir es gut und möchten den Kindern schlimme Erfahrungen ersparen. Manchmal wollen wir uns allerdings auch selbst schonen und kindliche Gefühlsausbrüche abkürzen oder vermeiden. Verständlich, aber die Sache hat einen großen Haken. Indem wir unseren Maßstab auf das Erleben unserer Kinder anlegen, gehen wir stillschweigend von unserem persönlichen Modell der Welt aus. „Erwachsene sind größer, klüger und können mehr", wäre eine überspitzte Formulierung dafür. Doch wie sieht es mit der Wahrnehmung der Kinder aus? Deckt sich ihr Bild der Welt wirklich mit unserem – oder gibt es da Unterschiede?

Die Antwort liegt auf der Hand. Kinder und Erwachsene leben tatsächlich nur scheinbar in derselben Welt. Kinder nehmen die Welt auf ihre eigene und ganz persönliche Weise wahr. Sie machen ihre ganz persönlichen und individuellen Erfahrungen, aus denen sich ihre „Landkarte" der Welt formt. Sie achten auf andere Dinge als Erwachsene, und sie bewerten ihre Erfahrungen anders. Für die Eltern mag ein kaputtes Spielzeugauto kaum der Rede wert sein, doch der kleine Junge ist darüber ehrlich traurig. „Wir kaufen dir ein anderes Auto" kann ihn deshalb gar nicht trösten – denn es zeigt ihm erst einmal, daß die Eltern seine Traurigkeit gar nicht wirklich verstehen. Ein neues Auto kann das alte doch nicht einfach ersetzen. Mit dem alten hat er schon so oft gespielt, und ein neues Auto wird bestimmt erst einmal anders sein oder nicht?

Kinder leben in ihrer eigenen Welt. Teilweise überschneidet sich diese mit der Welt der Erwachsenen, doch über weite Bereiche scheint sie ganz anders zu sein. Kinder nehmen die Dinge um sich herum auf ihre persönliche Weise wahr. Zum Beispiel glauben viele Vierjährige, daß Wolken lebendig sind. „Sie bewegen sich doch und fliegen am Himmel." Das ist Beweis genug für Lebendigkeit. Im Alter zwischen vier und sechs Jahren sind Kinder im sogenannten „magischen Alter". Sie sind ganz offen für die Eindrücke aus ihrer Umgebung und erleben die Welt mit sehr viel Phantasie. Dies ist das Alter, in dem Kinder an die Märchenwelt glauben und fest überzeugt sind, Elfen, Feen und Märchentiere zu sehen. Sie erzählen phantastische Geschichten und sind felsenfest von deren Wahrheit überzeugt. „Schau mal, auf dem Baum da drüben sitzt ein Engel!" rief unsere Tochter einmal ganz unvermittelt während einer Autofahrt. Damals war sie vier. Ich habe mir diesen Baum natürlich gleich angesehen, konnte aber leider keinen Engel erkennen. Doch für Sandra war dieser Engel zweifellos real. Was würde es nun bringen, darüber zu diskutieren? Mancher Erwachsene würde Sandra wahrscheinlich gerne erklären, daß es keine Engel gibt – höchstens im Himmel – und daß sie sich getäuscht hat. Schließlich soll ein Kind ja lernen, sich in unserer Welt zurechtzufinden und Realität und Phantasie voneinander zu unterscheiden. Was denken Sie, wohin eine derartige Unterhaltung führt? Mit hoher Wahrscheinlichkeit wird das Kind seine Wahrnehmung zunächst verteidigen („Doch, natürlich ist da ein Engel. Siehst du ihn denn nicht? Schau doch mal, der hat ja sogar Flügel …"). Wenn der Erwachsene das immer noch nicht versteht, wird das Kind wahrscheinlich abschalten und sich in seine eigene Welt zurückziehen mit dem Gefühl, wieder mal nicht verstanden worden zu sein. Wahrscheinlich fühlt es sich auch verunsichert, denn es hat ja gelernt, daß man Erwachsenen glauben soll. „Wenn der nun sagt, daß da kein Engel sein kann – was habe ich denn dann gesehen?" So könnten die Gedanken des Kindes aussehen, wenn man sie in die Sprache der Erwachsenen übersetzt. In jedem Fall endet hier die Unterhaltung und das gegenseitige Verstehen.

Stellen Sie sich nun einmal eine andere Reaktion auf den „Engel" vor. Sie als Erwachsener sehen ihn zwar nicht, aber sie glauben dem Kind erst einmal, daß es da wirklich etwas sieht. Nun können Sie neugierig fragen, wie er denn aussieht, dieser Engel. Und woran sieht man, daß das ein Engel ist? Was macht er da oben – paßt er vielleicht auf uns auf? Und so sind sie mitten in einem dieser ganz seltenen, hochinteressanten Gespräche, wo es ganz viel zu erfahren gibt – wenn man hinhören mag. In solchen Momenten können Sie etwas über die Welt Ihres Kindes lernen. Kinder reden normalerweise nicht gerade viel über ihr „Innenleben", ihre Gefühle und Gedanken. Deshalb sind solche Gespräche wirkliche Geschenke, bei denen Sie eine Menge über Ihr Kind erfahren können. Manchmal lohnt es sich, dafür die Erwachsenen-Realität einmal beiseite zu stellen und mit den Augen der Kinder zu schauen.

„Ich habe heute morgen den Osterhasen gesehen! Ganz bestimmt war er's – ich habe doch das weiße Schwänzchen noch gesehen!" Die Realität der Erwachsenen wird unsere Kinder früher oder später einholen. Ab dem Schulalter werden Kinder zunehmend sachlicher, analytischer und immer scharfsinniger. Lassen Sie Ihren Kindern deshalb diese „magische Zeit", und versuchen Sie nicht, ihnen hier etwas auszureden. Kinder mit einer reichen Phantasie können im späteren Leben sehr davon profitieren. In vielen Unternehmen gehören „Kreativitäts-Trainings" zur Tagesordnung. Ein Erwachsener, der als Kind seiner Phantasie freien Lauf lassen durfte, hat hier weniger nachzuholen. Er braucht sich nur zu erinnern und seine Fähigkeiten wieder freizulegen – er muß nicht erst lernen, wie man kreativ ist.

Das Bewußtsein, daß Erwachsene und Kinder wirklich in verschiedenen Welten leben, kann ein Schlüssel zum positiven Leben mit Kindern sein. Kinder sehen, hören und fühlen anders, denn sie bewerten ihre Erfahrungen noch nicht, so wie es die meisten Erwachsenen tun. Kinder „nehmen" im echten Sinn „wahr". Sie hinterfragen nicht automatisch, was sie erleben, sondern nehmen es mit jeder Faser ihres Körpers auf. Indem auch wir die Welt der Kinder im wörtlichen Sinn wahr-nehmen, erkennen wir sie an. Das bedeutet nicht, daß wir ab sofort nur noch sehen wie die Kinder. In vielen Situationen ist es von Vorteil, den Überblick und die analytischen Fähigkeiten eines Erwachsenen zu besitzen. Doch das bekommt erst dann Leben und Tiefe, wenn wir unsere Welt auch einmal ganzheitlich, intuitiv und unmittelbar erleben – so wie es Kinder tun. Unsere Chance als Erwachsene ist es gerade, daß wir beide Möglichkeiten zur Verfügung haben: die analytisch-denkende und die ganzheitlich-intuitive Wahrnehmung der Welt.

Dieses Verständnis der Welt hat unmittelbare Auswirkungen auf die Beziehung zwischen Ihrem Kind und Ihnen: Ihr Kind wird sich besser verstanden fühlen und hat plötzlich weniger Grund, gegen Sie zu kämpfen. „Die wissen ja doch immer alles besser." Diese Haltung erschwert Vertrauen. Kinder, die das Gefühl haben, sich oder ihre Gefühle ändern zu müssen, werden sich heftig dagegen wehren. Wenn sie sich ernst genommen und verstanden fühlen, sind sie wesentlich eher zu Lösungen bereit. „Sie hören mir zu und nehmen mich ernst." Diese Haltung legt den Grundstein zur gegenseitigen Offenheit in einer partnerschaftlichen Beziehung.

Leben mit Kindern bedeutet natürlich auch Erziehen, Führen oder Anleiten. Doch auf der Basis der Achtung vor der Wahrnehmung der Kinder bekommen dieses Wörter einen anderen Klang. Erziehen bedeutet nicht automatisch „in meine Richtung ziehen" – für alle Beteiligten befriedigender ist es, „an einem Strang zu ziehen". Unterschiede in der Wahrnehmung der Welt müssen nicht zu Konflikten und Auseinandersetzungen führen, wenn Eltern respektieren, daß Kinder die Welt auf andere Weise wahrnehmen als sie selbst. Auf dieser Basis werden die Unterschiede zur Bereicherung des gemeinsamen Lebens – so wie ein Edelstein in ganz unterschiedliche Farben leuchten kann, je nachdem, wie sich das Licht in seinen Facetten spiegelt.

Praxis-Tips[4]

✍ **Eigene Werte erkennen**

Benennen Sie wichtige Kontexte in Ihrem Leben (z. B. Partnerschaft, Familie, Beruf etc.).

Was ist Ihnen das Wichtigste im ersten Kontext? Welche Werte möchten Sie verwirklichen? (Beispiele für Werte: Freiheit, Zufriedenheit, Verantwortlichkeit, Gemeinsamkeit, Sicherheit.) Schreiben Sie Ihre Werte auf.

Nach dieser Sammlung bringen Sie Ihre Werte in eine Rangfolge der Wichtigkeit nach (1 = am wichtigsten). Schreiben Sie die Liste dann noch einmal in der neuen Reihenfolge ab.

Gehen Sie ebenso vor für ihre anderen Lebens-Kontexte. Vergleichen Sie dann die Werte und ihre Reihenfolge in den verschiedenen Kontexten. Welche Werte sind Ihnen generell für Ihr Leben wichtig? Wo liegen die Unterschiede in den Werten für die verschiedenen Kontexte?

Interessant ist es, die Werte zu vergleichen für die Zeiten vor und nach der Geburt der Kinder oder auch im Hinblick auf Gemeinsamkeiten und Unterschiede zwischen den Eltern oder Eltern und Kindern. Hier gibt es viele Möglichkeiten für gemeinsame Gespräche.

---

[4] Erklärung der Symbole: Übungen, die Sie für sich alleine bearbeiten können, sind mit ✍ gekennzeichnet. Meist ist es eine Hilfe, die eigenen Gedanken dazu aufzuschreiben. – Anwendungsmöglichkeiten für den konkreten Alltag oder Fragen, die sich besser im Gespräch klären lassen, sind mit dem Symbol ☺ versehen.

☺ **Wahrnehmung der Welt des Kindes**

Versuchen Sie immer wieder für kurze Zeit, die Welt durch die Augen und Ohren Ihrer Kinder wahrzunehmen. Beginnen können Sie damit jederzeit: Wenn Ihr Kind auf der Straße scheinbar grundlos trödelt, bleiben Sie selbst auch stehen. Statt sich über die Verzögerung zu ärgern, können Sie Ihr Kind fragen, was es denn gerade Interessantes sieht und gemeinsam auf Entdeckungsreise gehen. Wie sieht die Welt aus, betrachtet durch die Augen Ihres Kindes?

Jeder Erwachsene war selbst einmal klein und weiß deshalb, wie die Welt aus der Sicht eines Kindes aussieht. Dieses Wissen ist möglicherweise verschüttet unter der gewohnten Wahrnehmung als Erwachsener, doch es ist nicht verloren. Legen Sie es frei; vielleicht stoßen Sie auf unerwartete Schätze.

✍ **Den eigenen Lieblingskanal finden**

Finden Sie Ihren eigenen Lieblingskanal. Denken Sie an eine angenehme Erfahrung, beispielsweise an Ihren letzten Urlaub oder Ihr bevorzugtes Hobby. Schreiben Sie auf, was Ihnen daran besonders gefällt bzw. gefallen hat. Beschreiben Sie Ihre Erfahrung möglichst detailliert und in vielen Einzelheiten. – Lesen Sie das Geschriebene dann aufmerksam durch und vergleichen Sie mit dem Wörterbuch der Lieblingskanäle: Haben Sie Wörter eines Kanals bevorzugt verwendet?

☺ **Lieblingskanal anderer finden**

Möchten Sie mehr über den Lieblingkanal Ihres Partners oder Ihrer Kinder wissen? Lesen Sie dazu wieder das Wörterbuch der Lieblingskanäle durch. Dann fragen Sie Ihren Partner nach einer schönen Erinnerung und lassen ihn/ sie darüber erzählen. Beim Zuhören achten Sie darauf, ob Sie Seh-, Hör- oder Spür-Wörter hören.

Anmerkung: Die Lieblingskanäle sind keine Schubladen, in die man Menschen pressen kann, sondern sie geben uns Hinweise darauf, wie wir bestimmte Erfahrungen innerlich speichern. Der Lieblingskanal kann sich je nach Situation auch einmal ändern, doch wenn eine generelle Bevorzugung eines Kanals zu finden ist, dann lohnt es sich, diesen zu kennen. In schwierigen Gesprächssituationen können Sie leichter Zugang zum anderen finden, wenn Sie es über seinen Lieblingskanal versuchen.

Kapitel 2

Kinder brauchen Entwicklungsraum

Als Eltern und Erzieher ist eines unserer zentralen Ziele, Kinder optimal zu fördern, damit sie sich zu selbstbewußten, verantwortlichen, glücklichen Menschen entwickeln können. Viele Eltern fragen sich, ob sie dabei auch alles richtig machen, denn sie wollen ihrem Kind natürlich einen optimalen Start ins Leben ermöglichen. Frühkindliche Erfahrungen sind prägend für das gesamte spätere Leben, hören wir immer wieder. Gerade die Mütter fühlen sich dadurch oft unter einem ungeheuren Leistungsdruck, der vor allem dann deutlich wird, wenn beim Kind Probleme auftauchen. Hat das Kind Neurodermitis, ist die Mutter wohl überbehütend, ist es aggressiv, hat sie ihm sicher nicht genug Liebe gegeben ... Derartige Schuldzuweisungen sind häufig zu finden. Der Büchermarkt wird überschwemmt von einer Fülle von sogenannten Erziehungsratgebern, die nicht selten nach diesem Strickmuster aufgebaut sind: Frühkindliche Erfahrungen sind absolut prägend, und so wird den Eltern – hier in erster Linie den Müttern – die gesamte Verantwortung für das Wohlergehen und ebenso das Versagen ihres Kindes zugeschoben. Kinder sind ihren Müttern auf Gedeih und Verderb ausgeliefert, könnte man meinen. Nachdem jeder Mensch Fehler macht, und das gilt besonders auch für unerfahrene Eltern bei ihrem ersten Kind, fühlen sich diese Mütter besonders schuldig, wenn ihr Kind nicht so mustergültig ist, wie das „typische" Kind, das in derartigen Ratgebern gern zur Norm gemacht wird. „Wenn Ihr Kind Probleme hat, haben Sie in der Erziehung etwas falsch gemacht!" Derartige Aussagen sind zwar mehr oder weniger aus der Luft gegriffen, doch in unseren Köpfen geistern sie trotzdem herum. Noch ein Grund mehr, daß wir bei unseren Kindern auch bestimmt alles richtig machen wollen. Das Ziel scheint also ganz klar – wer wollte sein Kind nicht optimal fördern? Trotzdem besteht hier die Gefahr eines großen Mißverständnisses.

„Jeder Mensch trägt sein gesamtes Entwicklungspotential in sich", lautet einer der Grundsätze im NLP. Was bedeutet das für die Förderung von Kindern? Die provokante Antwort ist: *Wir müssen unsere Kinder gar nicht so viel fördern. Wesentlich wichtiger ist, daß wir ihnen genügend Raum geben, so daß sie sich von selbst entfalten können.*

Kinder entwickeln sich von selbst

Kinder haben ein unerschöpfliches Potential an Energie und Lebenskraft in sich. Die Eltern müssen ihren Kindern hier nichts beibringen, denn Kinder entwickeln sich ganz von selbst. Uns Menschen ist die Fähigkeit angeboren, uns immer weiterzuentwickeln. Bei Kindern wird dies besonders deutlich sichtbar. Denken Sie zum Beispiel an ein Kind, das gerade laufen lernt. Als Erwachsene müssen wir seine Ausdauer und Energie einfach bewundern. Das Kind steht auf, schwankend zwar, doch es steht. Dann macht es einen vorsichtigen Schritt – und fällt um, weil es das Gleichgewicht verloren hat. Wie viele solcher Versuche würden wir Erwachsene machen, bevor wir müde werden oder erst einmal aufhören wollten? Kinder sind hier wirklich unermüdlich. Der kleine Junge, der laufen lernt, fällt unzählige Male hin und rappelt sich doch sofort wieder auf, um es gleich noch einmal zu probieren. Vielleicht klappt es ja diesmal, und er bleibt auf seinen wackeligen Beinen stehen? Und wenn es dann geschafft ist, leuchten die Augen, denn das Kind „weiß", daß das ganz und gar sein eigener Erfolg ist, den es jetzt erlebt. Vielleicht haben Sie ja einmal zugesehen, wie einem Kind die ersten paar Schritte gelungen sind – diesen Gesichtsausdruck von Freude und Stolz vergißt man nicht so schnell wieder.

Die Energie selbst und der Wunsch nach Weiterentwicklung ist in den Kindern bereits von Geburt an da. Das Laufen oder Sprechen zum Beispiel muß man keinem Kind beibringen, denn der Antrieb zu diesen und anderen ungeheuren Entwicklungsschritten liegt ausschließlich im Kind selbst. Auf diesem Hintergrund lohnt es sich, das Thema „Wie fördere ich mein

Kind optimal?" noch einmal zu überdenken. Eltern können ihren Kindern Schritt für Schritt dabei helfen, daß sie lernen, ihre eigene, natürliche Energie zu kanalisieren und sinnvoll einzusetzen.

Der Begriff „Förderung" wird oft auch mißverstanden. Natürlich gibt es Bedingungen, die aktive Unterstützung von außen verlangen, etwa Behinderungen oder Entwicklungsverzögerungen bei Kindern, die auf verschiedensten Ursachen beruhen können. Frühzeitige Förderung ist hier unerläßlich. Doch auch dabei ist „Hilfe zur Selbsthilfe" wesentlich sinnvoller und wirksamer als eine „Förderung", die das Kind zum passiven Empfänger abstempelt. Am besten sagt das die berühmte Pädagogin Maria Montessori mit ihrem Grundsatz „Hilf mir, es selbst zu tun". In Montessori-Kindergärten werden behinderte Kinder ganz selbstverständlich in die Gruppe integriert. Dieser Umgang mit „Behinderung" ist beispielhaft.

In unserem Kulturkreis werden viele gesunde Kinder oft schlicht und einfach überfordert. Es gibt bereits Kindergartenkinder mit Terminkalender, die ihre Zeit zum Spielen buchstäblich planen müssen. Wenn Eltern ihren Kindern erlauben, sich aus sich selbst heraus zu entwickeln, weil sie auf deren inneres Potential vertrauen, werden sie ihnen die Freiräume zugestehen können, die die Kinder zu ihrer gesunden Entwicklung brauchen.

Zurück zu unserem Beispiel vom Laufenlernen. Was bedeutet in diesem Zusammenhang, daß wir dem Kind die notwendigen Bedingungen und Freiräume schaffen? Das beginnt ganz konkret bei körperlichen Faktoren: Wir sind verantwortlich für die gesunde Ernährung des Kindes, so daß sein Körper kräftig ist. (Vernachlässigte und unterernährte Kinder lernen das Laufen erst wesentlich später.) Dann sorgen wir für eine sichere äußere Umgebung, festen Boden und „freie Bahn" zum Üben. Vielleicht will das Kind anfangs auch unsere stützende Hand. Damit nähern wir uns den psychologischen Bedingungen, die eine mindestens ebenso große Rolle spielen wie die physikalischen – obwohl es um so etwas „Greifbares" geht wie das Laufen. Als wichtigste psychologische Bedingung ist hier die

Sicherheit zu nennen. Nur ein Kind, das sich sicher fühlt und Vertrauen in seine Umwelt entwickelt hat, wird erste Schritte in diese Welt hinausgehen wollen. Solange es diese Sicherheit nicht genügend spürt, wird es zunächst Kontakt suchen und möglichst nahe bei seinen Bezugspersonen bleiben. Mit Anerkennung, Ermutigung und Bestätigung bereiten wir dem Kind auch in dieser Hinsicht den Boden für die ersten Schritte.

Das Beispiel Laufenlernen ist noch aus einem anderen Grund sehr gut geeignet, um den Grundsatz *„Jeder Mensch trägt sein gesamtes Entwicklungspotential in sich"* zu veranschaulichen. Wenn Sie Gelegenheit hatten, verschiedene Kinder zu beobachten, erinnern Sie sich: Wann begannen die Kinder zu laufen? Manche laufen mit zehn Monaten, andere lassen sich fast anderthalb Jahre Zeit bis zum ersten Schritt. Hat jedes Kind auf die gleiche Weise laufen gelernt? Die meisten folgen der Reihenfolge „Robben – Krabbeln – Stehen – Entlanggehen – frei laufen". Aber es gibt auch andere Möglichkeiten, das Laufen zu lernen. Kennen Sie auch Kinder, die die Phase des Krabbelns einfach übersprungen haben und gleich losliefen? Manche Kindern krabbeln zwar, doch auf ihre ganz eigene Weise, die eher an den seitlichen Krebsgang erinnert. Unsere Tochter begann ihre mobile Phase damit, daß sie sich rollte – und auf diese Weise erstaunlich weit vorwärtskam. Jedes Kind lernt also in seinem eigenen Tempo und in seiner ganz persönlichen Reihenfolge. Und die Motivation zur Entwicklung kommt nicht etwa von außen – oder haben Sie schon einmal von einem gesunden Kind gehört, dem die Eltern beibringen mußten, wie man läuft?

Das Laufenlernen ist nur ein anschauliches Beispiel für derartige Entwicklungsprozesse. Viele andere lassen sich finden, zum Beispiel das Sprechen, Nein-Sagen, die Ablösung von den Eltern (hier ist der Zeitpunkt oft besonders verschieden) oder die Entwicklung persönlicher Interessen. Wenn wir unseren Kindern Raum lassen, entwickeln sie sich in der Zeit und auf die Weise, die für sie passend ist. Kinder zeigen uns deutlich, wenn sie Hilfe von uns brauchen. In der Regel brauchen sie weniger Hilfe, als wir meinen – dafür aber mehr Freiraum.

Die Motivation – der Schlüssel zur Entwicklung

Motivation ist eines der Schlagworte unserer Zeit. Führungskräfte besuchen Schulungen zum Thema „Wie motiviere ich meine Mitarbeiter?", Lehrer versuchen, ihre Schüler optimal zu motivieren – und immer wieder wird über die mangelnde Motivation einer ganzen Generation geklagt: „Null Bock" heißt das Schlagwort. Welchen Stellenwert hat Motivation in der Erziehung? Wie können wir einer „Null-Bock"-Haltung bei unseren Kindern vorbeugen?

Der erste Teil dieses Kapitels hat uns gezeigt, daß wesentliche Entwicklungsprozesse bei Kindern von selbst ablaufen, wenn ihnen dazu Raum gegeben wird. Laufenlernen, Sprechenlernen, Autonomie und Ablösung von den Eltern – diese Prozesse sind intrinsisch motiviert, das heißt, der Antrieb dazu kommt aus dem Kind selbst. Es ist kein Anstoß von außen notwendig. Allerdings läuft nicht die gesamte kindliche Entwicklung so „automatisch" ab. Als Erzieher wollen wir unseren Kindern Wertmaßstäbe vermitteln, zum Beispiel, daß sie sich selbst und ihre Mitmenschen achten. Hier greifen wir aktiv ein, und das ist gut so[5]. Kinder sind in ihren ersten Lebensjahren von Natur aus egozentrisch. Sie betrachten sich als den Mittelpunkt der Welt. Erst ab dem zweiten oder dritten Lebensjahr sind sie in der Lage, sich in die Position und die Gefühle eines anderen Menschen längerfristig hineinzuversetzen. Vorher erscheint ihnen ihre eigene Sichtweise als die einzig mögliche und richtige. „Die Mama soll kommen!" ruft ein Zweijähriger zum fünften Mal in einer Nacht. Daß die Mutter müde ist und selbst dringend schlafen möchte, kommt in seinem Weltbild so

---

[5] Auch die antiautoritäre Erziehung vermittelt übrigens derartige Wertmaßstäbe. Wenn sie das nicht tut, sondern die Kinder einfach gewähren läßt ohne Rücksicht auf die Folgen des Handelns für andere, verdient sie den Namen „antiautoritäre Erziehung" nicht. In diesem Fall würden wir von „Laissez faire"-Erziehung sprechen (bedeutet soviel wie „machen lassen"). Deren negative Auswirkungen auf die Persönlichkeitsentwicklung sind wissenschaftlich hinreichend belegt.

noch nicht vor. Das geschieht nicht etwa aus Bosheit – für ihn zählt einzig und allein sein Bedürfnis, daß er die Mama jetzt braucht.

Gehen wir also davon aus, daß wir unsere Kinder zu bestimmten Handlungen motivieren möchten, was ja die alltägliche Erziehungspraxis ist. Kinder sollen zum Beispiel lernen, sich selbst anzuziehen, sauber zu essen, sich höflich zu benehmen, rechtzeitig aufzustehen, um pünktlich in die Schule oder den Kindergarten zu kommen – die Liste läßt sich beliebig verlängern. Manche Fähigkeiten erwerben die Kinder scheinbar von selbst, andere nicht. Theoretisch könnten wir eine abwartende Haltung einnehmen nach dem Motto: „Das Kind wird es schon von selbst lernen." Eltern von Kindergartenkindern haben hier in der Regel einiges zu erzählen. Sie haben monatelang versucht, ihr Kind zu bestimmten Dingen zu motivieren (beispielsweise sich selbst anzuziehen) und stießen dabei auf Granit – bis das Kind in den Kindergarten kam. Plötzlich ging es „wie von selbst", denn im Kindergarten sah das Kind, daß alle anderen sich selbst anziehen und wollte hier nicht zurückstehen. Die Motivation zu diesem Entwicklungsschritt läßt sich also beschreiben mit „genau so sein wollen wie die anderen".

„Steh jetzt endlich auf, sonst kommst du noch zu spät in die Schule!" Das Kind, das so gemahnt wird, denkt an die unangenehmen Folgen seines Handelns. „Wenn ich jetzt liegenbleibe, komme ich zu spät. Dann muß ich mich abhetzen, und der Lehrer wird schimpfen. Zeit zum Reden mit meinen Freunden bleibt mir auch nicht mehr …" Die Bilder dazu sind mit negativen Gefühlen gekoppelt. Das Kind steht schließlich auf, weil es den negativen Folgen ausweichen möchte. Die Frage ist, ob es den Tag gut gelaunt beginnen wird. Wahrscheinlich steht es eher mit einem Gefühl auf, das man bedrückt / ärgerlich / unmutig beschreiben kann. In diesem Fall wirkte die Motivation zwar – das Kind ist ja schließlich aufgestanden –, doch es war offensichtlich eine negative Motivation. Negativ heißt in diesem Fall nicht „wirkungslos", sondern „an den negativen Folgen orientiert".

Gibt es andere Möglichkeiten, einen Morgenmuffel zu motivieren? „Stehst du jetzt auf? Dann kannst du dich in Ruhe fertigmachen, gemütlich frühstücken und hast vor der Schule noch Zeit, mit deinen Freunden zu reden. Und du kommst so rechtzeitig in die Schule, daß du deine Hausaufgaben nochmal durchsehen kannst." Diese Inhalte sind mit positiven Gefühlen gekoppelt, denn sie handeln von schönen Dingen. Zeit haben, gemütlich frühstücken, mit Freunden reden – dafür lohnt sich das Aufstehen. In diesem Fall wird das Kind den Tag gut gelaunt beginnen.

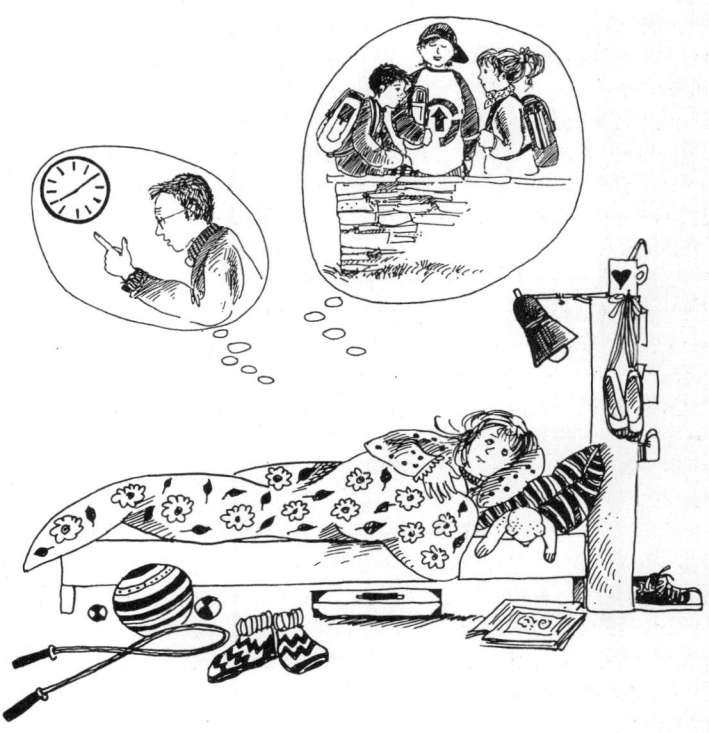

Es gibt also zwei verschiedene Arten der Motivation, die positive und die negative.

Zwei Arten der Motivation	
Positiv	**Negativ**
hin zum Angenehmen	weg vom Unangenehmen
Richtung geben	bremsen, zurückhalten
Ziel	negative Folgen
Lust, Freude	Angst, Druck, Zwang
Wunschbild	Schreckensbild

Positive Motivation fördert die persönliche Entwicklung wesentlich mehr. Wir lenken unseren Blick auf das, was wir erreichen wollen und bekommen Lust, es anzupacken. Außerdem ist das mit angenehmen Gefühlen verbunden. Negative Motivation arbeitet mit unserer Angst vor unangenehmen Folgen, mit Drohungen und Schreckensbildern. Das gilt natürlich nicht nur für Kinder! Wenn Sie schon einmal abnehmen wollten – mit welcher Motivation haben Sie es versucht? „Ich muß jetzt endlich abnehmen, sonst sehe ich ja gräßlich aus. Die Hose paßt auch schon nicht mehr, und ich fühle mich so richtig dick." „Ich möchte schlank sein und werde nur noch soviel essen, wie ich wirklich brauche. Dann fühle ich mich wohl, habe Lust, wieder Sport zu treiben und schaue mich gerne im Spiegel an." Lesen Sie sich diese Sätze einmal laut vor, und prüfen Sie Ihre Reaktion darauf. Wo bekommen Sie mehr Lust, Ihre Eßgewohnheiten zu ändern?

Positive Motivation bei Kindern ist aus zwei Gründen wichtig. Erstens wirkt sie besser, schneller und sicherer als die negative Variante. Zweitens – und das ist ganz entscheidend – lernen unsere Kinder durch unser Vorbild. Ein Kind, das vorwiegend negativ motiviert wird („Laß das!" „Hör auf, sonst ...!" „Stell dir mal die (schlimmen) Folgen vor."), übernimmt diese Form der Motivation über kurz oder lang für sich selbst. Erlebt das Kind aber immer wieder, wie seine Eltern es positiv motivieren (über angenehme Konsequenzen und Ziele), geht ihm diese Art der Selbstmotivation in Fleisch und Blut über.

Hören Sie sich für eine bestimmte Zeit einmal aufmerksam zu: Wie reden Sie mit Ihrem Kind? Überwiegt die posititve oder die negative Form der Motivation? Machen Sie sich keine Vorwürfe, wenn Sie sich bei vielen negativen Beispielen ertappen. So wurden wir in der Regel selbst erzogen, und so funktioniert – leider – bisher unsere Gesellschaft. Es geht nicht darum, negative Motivation um jeden Preis zu vermeiden, denn das wäre ja die negativ motivierte negative Motivation! Freuen Sie sich statt dessen, wenn Ihnen solche negativen Beispiele auffallen, denn hier haben Sie Lernchancen für sich selbst entdeckt. Bewußtes Wahrnehmen ist der erste Schritt. Erst danach können Sie an Veränderungen gehen. Überlegen Sie sich beispielsweise in einer ruhigen Minute einmal einige Ihrer „Lieblings-Streit-Themen" mit Ihrem Kind, und finden Sie hier Möglichkeiten, sich selbst und Ihr Kind positiv zu motivieren. Sie werden selbst merken, daß Sie Lust bekommen, das praktisch auszuprobieren. Lassen Sie sich überraschen, wie Sie so manche eingefahrene Sitaution verändern können.

Persönliche Stärken und Fähigkeiten

Wir tragen das Potential für unsere Entwicklung bereits in uns, lautet die Überschrift dieses Kapitels. Bisher haben wir uns damit beschäftigt, daß diese Entwicklung zum großen Teil von selbst geschieht, wenn wir ihr – und das heißt in diesem Fall auch unseren Kindern – nur Raum geben. In manchen Bereichen ist es für uns Eltern sinnvoll, der Entwicklung unserer Kinder einen Anstoß von außen oder eine Richtung zu geben. Motivation war hier das Schlagwort.

Schauen wir uns nun einmal an, was sich da eigentlich entwickelt. Ein Kind wächst heran, wird größer und wird gleichzeitig zu einer eigenständigen, einzigartigen Persönlichkeit. Schon bei kleinen Kindern können wir beobachten, wie sie ihre individuellen Stärken, Fähigkeiten und Interessen entwickeln. Besonders häufig fallen derartige Unterschiede bei Geschwistern auf. Unsere beiden Kinder hatten in den ersten Lebensjahren im großen und ganzen das gleiche Spielzeug. Beide Kinder hatten Puppen zum Spielen, Bausteine, Bücher und Autos. Bei den Bausteinen konnten wir keine großen Unterschiede feststellen, ganz anders dagegen bei den Autos. Sie wurden von unserer Tochter kaum beachtet. Ab und zu schob sie eins davon hin und her, wandte sich aber schnell anderen Dingen zu. Kaum konnte dagegen unser Sohn greifen, war er ganz versessen auf Autos. Die eindeutigen Geräusche (brrrrmm brrrmmmm …) beherrschte er sehr schnell, ganz im Gegensatz zu den übrigen Lauten. Mittlerweile nennt er einen stattlichen Fuhrpark sein eigen. Sandra spielt gerne mal mit, zeigt aber sonst kein großes Interesse an Autos. Als fortschrittliche Eltern haben wir natürlich darauf geachtet, keines unserer Kinder in ein Rollenklischee zu pressen, und trotzdem ist Tobias in dieser Hinsicht ein „typischer Junge". Kinder entwickeln sich offensichtlich in ihre persönliche Richtung, und die läßt sich nur bedingt beeinflussen.

Kinder sind deshalb Kinder, weil sie noch nicht über alle Fähigkeiten verfügen, die wir in unserer Gesellschaft zum selbständigen Leben brauchen. Kinder sind auf Erwachsene angewiesen, auf ihren Schutz, auf liebevolle Zuwendung und Hilfe, sich mehr und mehr allein in unserer Welt zurechtzufinden.

Stärken und Fähigkeiten von Eltern sind zum Beispiel
- ◯ Verantwortlichkeit
- ◯ Überblick
- ◯ Zielorientierung
- ◯ Erfahrung
- ◯ Mutter-/Vaterliebe
- ◯ persönliches Wertesystem und Integrität

All das können Kinder nur zum Teil – und eben darum sind sie Kinder.

Andererseits tragen Kinder das Potential zu ihrer Entwicklung in sich. Was bedeutet das im Hinblick auf *ihre* Stärken? Was können Kinder besonders gut? Gibt es vielleicht Möglichkeiten, wo wir Eltern von unseren Kindern lernen können?

Kinder sind
- spontan
- kreativ
- lebendig
- flexibel
- ehrlich
- bereit, zu lernen
- ausdauernd
- neugierig ...

Diese Liste läßt sich noch verlängern. Vielleicht haben Sie ja Lust, einmal zu überlegen, was IHR Kind besonders gut kann, was seine/ihre besondere Stärke ist?

Es lohnt sich, einmal den Blick darauf zu richten, was unsere Kinder alles können, welche besonderen Stärken und Fähigkeiten sie besitzen – vielleicht auch einige, die uns selbst fehlen. Wenn wir darauf vertrauen, daß Kinder das Potential zu ihrer Entwicklung in sich tragen, fällt der Leistungsdruck von uns ab, daß wir ganz allein dafür zuständig sind, wie ihre Entwicklung verläuft. Natürlich sind wir verantwortlich für unsere Kinder und für ihr Wohlergehen. Doch wenn wir mehr darauf schauen, was sie bereits können und wissen, statt uns darum zu sorgen, was ihnen noch fehlt, können wir unseren Kindern Freiräume lassen. Diese Freiräume erlauben den Kindern, sich aus sich selbst heraus zu entwickeln – und das heißt gesundes Wachstum. Ein guter Gärtner wird einen jungen Baum nicht gewaltsam in eine Richtung biegen, nur damit er in seinen Garten paßt. Auf diese Weise würde er vielleicht eine dichte Hecke bekommen, doch bei näherem Hinsehen bestehen Hecken aus beschnittenen, dicht gedrängten Bäumchen, die einzeln recht armselig aussehen würden. Vielmehr wird der Gärtner die natürliche Wuchsrichtung unterstützen und ihm wenn nötig

Stütze und Richtung geben, damit er zu einem ganz besonders schönen Baum heranwächst.

Eine Grundeinstellung, mit der wir unseren Kindern Freiräume lassen, wird sich immer auch auf unser konkretes Verhalten auswirken. Plötzlich stehen wir nicht mehr unter Leistungsdruck, aus unserem Kind das beste herausholen zu müssen. Wir können das Kind statt dessen anders betrachten, so daß wir seine Stärken und Fähigkeiten sehen. „Wie kann ich mein Kind motivieren?" wird damit zu der Frage: „Kinder sind von Natur aus motiviert – wie nutzen wir das gemeinsam am besten?"

Jedes Kind entwickelt sich in seiner ureigenen Art und Weise. Persönliche Stärken und Fähigkeiten haben die Kinder in sich. Oft sind es solche, die wir als Erwachsene leider „verlernt" haben. Es lohnt sich, diese Stärken unserer Kinder zu erkennen und anzuerkennen. Wir können ihnen dabei Werte und Grundhaltungen als Entwicklungsziele anbieten – am besten nicht durch langes Reden, sondern durch unser eigenes Verhalten und unsere Einstellung. So können wir unseren Kindern Wege der Entwicklung zeigen und vorleben; auswählen und gehen werden die Kinder ihren Weg selbst.

Nicht nur die Kinder, auch die Eltern haben alle notwendigen Ressourcen bereits in sich. Um glücklich und erfüllt zu leben, brauchen sie keine „Fütterung" von außen. Alle Fähigkeiten, die sie benötigen, sind in ihnen bereits angelegt. Der Zugang dazu mag in bestimmten Bereichen verschüttet oder blockiert sein, doch das Potential ist da. „Eigentlich wußte ich das schon lange. Mir war nur der Zugang dazu versperrt. Und wenn ich es mir recht überlege, habe ich genau diese Fähigkeit auch schon einmal gehabt – in einem anderen Zusammenhang zwar und zu einer anderen Zeit; aber ich konnte es. Dann kann ich es auch jetzt wieder lernen!" Solche Äußerungen hört man oft in der Beratungs-Arbeit. Auch hier muß nichts von außen zugeführt werden, denn die nötigen Stärken liegen in uns selbst. Manchmal brauchen wir einen Bergführer, der uns hilft, schwierige Wege wieder passierbar zu machen oder den Eingang zu einer verschütteten Höhle freizulegen. Gehen müssen – und dürfen – wir als Wanderer allerdings selbst.

☺ **Positive Motivation (1)**
Welches sind 3 typische Streit-Themen, die Sie mit Ihrem Kind/Ihren Kindern haben?

Wie können Sie *Ihr Kind* dabei positiv motivieren statt mit ihm zu streiten?

Wie können Sie *sich selbst* positiv motivieren, etwas Neues zu versuchen statt zu streiten?

☺ **Positive Motivation (2)**
Hören Sie sich einige Tage einmal aufmerksam zu: Welche Form der Motivation nutzen Sie häufiger bei Ihren Kindern – die positive oder die negative? Wenn es die positive ist, dann: Weiter so! Falls Sie sich aber bei vielen negativen „Motivierern" ertappen, überlegen Sie sich in einer ruhigen Minute einmal die positiven Alternativen dazu. Wie können Sie das Problem mit positiver Motivation angehen? Wann wird vermutlich die nächste Gelegenheit sein, um diese positive Motivation anzuwenden? Spielen Sie die Situation in Gedanken durch, und achten Sie auf Ihr eigenes Gefühl dabei und die Reaktion, die Sie bekommen. Was würde sich durch diese positive Motivation an der Situation ändern?

Suchen Sie sich dann bewußt ein Übungsfeld dafür – zum Beispiel beim abendlichen Zu-Bett-Bringen Ihrer Kinder oder bei typischen Konfliktsituationen. Welchen Unterschied macht die positive Motivation für Sie selbst und für Ihre Kinder?

✍ **Stärken der Kinder erkennen**
Nehmen Sie sich Zeit, um die folgenden Fragen zu beantworten, vielleicht auch gemeinsam mit Ihrem/r Partner/in.

Was kann Ihr Kind besonders gut? Welche Stärken und Fähigkeiten schätzen Sie an ihm/ihr?

Welchen Freiraum geben Sie Ihrem Kind, in dem es seine Stärken entwickeln kann? Wie unterstützen Sie Ihr Kind bei dieser Entwicklung – wo hemmen Sie es?

✍ Eigene Stärken nutzen
Nehmen Sie sich einmal Zeit, um sich Ihre eigenen Stärken und Fähigkeiten bewußt zu machen. Was können Sie besonders gut? Was fällt Ihnen leicht? Wie können Sie sich selbst und andere wirkungsvoll unterstützen?

Welche Stärken, die Ihre Kinder besitzen, hätten Sie selbst auch gern zur Verfügung? Vielleicht haben Sie sie früher bereits einmal gehabt? Welche Möglichkeiten gibt es, daß Sie dabei von Ihren Kindern lernen können?

Welche Möglichkeiten gibt es, wo Sie Ihre eigenen Stärken bewußt einsetzen können? Wie wird sich das auf Ihr Verhalten in Konfliktsituationen auswirken?

Kapitel 3

Ziele setzen statt Probleme abschaffen

„Meine Tochter macht mir zur Zeit große Probleme. Sie ist frech, vorlaut und läßt sich von mir gar nichts mehr sagen. Alles will sie besser wissen. Von wem hat sie das nur? Ich weiß mir keinen Rat mehr. Wie kann ich dieses Problem nur lösen?" Derartige Stoßseufzer ratloser Eltern haben Sie sicher in der einen oder anderen Form schon einmal gehört – oder vielleicht auch selbst ausgesprochen. Das Denkschema, nach dem wir erzogen wurden, lautet: Wenn Du ein Problem hast, suche die Ursachen und finde dann eine Lösung. So lernen wir es in der Schule und später im Berufsleben. Die Fähigkeit zur Problemlösung ist eine der zentralen Anforderungen an Führungskräfte aller Sparten.

„Ziele sind wichtiger als Probleme" lautet eine Grundannahme des NLP. Das klingt recht provokant – und scheint dem zu widersprechen, was wir gewohnt sind. Bedeutet es tatsächlich, daß Probleme unwichtig sind? Wie können wir Lösungen finden für etwas, das als unwichtig gilt?

Der Widerspruch löst sich auf, sobald wir uns den Satz „Ziele sind wichtiger als Probleme" genauer betrachten. Hier steht nicht „Probleme sind unwichtig"! Wenn Ziele wichtiger sind als Probleme, können die Probleme ihren Stellenwert durchaus behalten. Sie stehen allerdings in der Rangfolge an zweiter, die Ziele an erster Stelle. Theoretisch mag das ja nachvollziehbar sein, doch was bedeutet es für die Praxis, genauer gesagt für unser alltägliches Leben mit Kindern? Probleme treten dabei viele auf, so daß es uns nicht an Beispielen mangelt. Wie steht es dagegen mit den Zielen? Um welche Ziele geht es hier?

Nehmen wir ein praktisches Beispiel, das Sie vielleicht aus eigener Erfahrung kennen. Eine Mutter ist mit ihren zwei Kindern im Vorschulalter, drei und fünf Jahre alt, nachmittags zu

Hause. Die Kinder spielen im Kinderzimmer, die Mutter geht ihrer Arbeit nach. Die Kinder spielen nicht gerade ruhig, denn es gibt immer wieder Streit. Die Mutter versucht zunächst, sich herauszuhalten, doch das häufige Geschrei zerrt an ihren Nerven. Sie wird zunehmend unruhiger und kann sich kaum mehr auf ihre Arbeit konzentrieren, weil sie jeden Moment den nächsten Aufschrei eines der Kinder erwartet. Es dauert auch nicht lange, und der Mutter wird es zu bunt. Sie läuft wütend ins Kinderzimmer und schreit selbst nicht gerade leise: „Was ist denn hier los? Könnt ihr denn nicht einmal zehn Minuten spielen, ohne daß es wieder Streit gibt! Wer hat denn eigentlich angefangen?" ... und so ist sie mittendrin in einer Kette gegenseitiger Anschuldigungen, Schuldzuweisungen und entrüsteter Abwehr. Am Ende bleibt ihr nichts anderes übrig, als die beiden Streithähne zu trennen. Zurück bleibt ein heulendes Kind, das sich ungerecht behandelt fühlt. Das zweite Kind ist auch nicht viel besser gelaunt. Sie nimmt es mit ins Wohnzimmer – doch an konzentrierte Arbeit ist nun nicht mehr zu denken. So endet der Nachmittag mehr schlecht als recht, und die Mutter ist erleichtert, als sie ihre beiden schließlich ins Bett bringen kann.

Das Problem scheint offensichtlich: Die Kinder haben Streit und schaukeln sich gegenseitig auf. Die Mutter meint eingreifen zu müssen, tut dies auf recht barsche Weise und greift schließlich zu einer scheinbaren Lösung, indem sie zuerst schlichten will und dann die beiden Kinder trennt. Geholfen ist damit auf lange Sicht keinem der drei, denn wahrscheinlich wiederholt sich die Szene bei nächster Gelegenheit wieder mit ähnlichen Ergebnis.

Betrachten wir jetzt einmal nicht nur das Problem und seine (Schein-)Lösung, sondern verändern unseren Blickwinkel in Richtung Ziel. Um welches Ziel geht es hier eigentlich? Erfahrungsgemäß können wir als Erwachsene unsere Kinder ja wesentlich besser unterstützen, wenn wir uns selbst entspannt und klar fühlen. Betrachten wir also zunächst die Situation der Mutter. Sie möchte in Ruhe ihrer Arbeit nachgehen, fühlt sich aber verantwortlich, den Streit ihrer Kinder zu schlichten. Dieser Wunsch nach Schadensbegrenzung ist ja bei dem Alter der Kinder gut verständlich, denn ein Dreijähriger kann von einem/r Fünfjährigen durchaus hart hergenommen werden. Die Mutter hält sich zunächst zurück, denn sie hofft, daß die Kinder ihren Streit alleine austragen. Schließlich hat sie schon oft gelesen, daß man sich als Erwachsener nicht ständig in Konflikte der Kinder einmischen soll, damit diese lernen, selbständig zu werden. Diesen Vorsatz hält sie aber nicht allzulange durch. Selbst schon „geladen", läuft sie ins Kinderzimmer und nimmt die Sache in die Hand. Ob der Streit dadurch befriedigend geregelt ist, bleibt die große Frage.

Fragen wir diese Mutter nach *ihrem* Ziel, sagt sie wahrscheinlich: „Ich wünsche mir, daß meine Kinder in Ruhe zusammen spielen, so daß ich meiner Arbeit nachgehen kann. Und wenn es schon Ärger gibt, dann sollen sie ihn vernünftig lösen." Wessen Ziele beschreibt die Mutter hier? Sie möchte ihrer Arbeit nachgehen, das ist ihr Ziel. Die anderen genannten Ziele – die Kinder sollen in Ruhe zusammen spielen und Konflikte vernünftig lösen – betreffen im Grunde die Kinder. Die Mutter beschreibt hier also Ziele ihrer Kinder in einem Atemzug mit ihren eigenen. Genau da wird es schwierig, denn sie ist natürlich nur für ihre eigenen Ziele zuständig. Wenn wir also weiter nachfragen, wie sie denn reagieren möchte, wenn sie in den Streit ihrer Kinder eingreift, bekommen wir wohl eine Antwort wie: „Ich möchte selbst ruhig und gelassen bleiben und meine Kinder dabei unterstützen, daß sie selbst eine Lösung finden. Das geht zum Beispiel, indem ich mir beide Meinungen anhöre und sie dann ermutige, miteinander zu verhandeln." Damit läßt sich schon wesentlich mehr anfangen als mit der Wunschäußerung, daß die Kinder ihren Ärger vernünftig lösen sollen.

Fassen wir zusammen: Probleme haben ihren berechtigten Stellenwert, und es ist oft hilfreich, ihre Ursachen zu kennen. Doch die bloße Kenntnis der Ursache löst ein Problem noch nicht automatisch von selbst. „Selbsterkenntnis ist der erste Schritt zur Besserung" heißt zwar ein geflügeltes Wort. Leider ist es aber nur der erste Schritt auf einem langen Weg! Selbst wenn Eltern wissen, daß ihnen bei ihren Kindern leicht „die

Hand ausrutscht", weil sie selbst als Kind oft geschlagen wurden und nicht viele andere Modelle der Konfliktlösungen kennen, wird das ihr Verhalten gegenüber den Kindern noch nicht dauerhaft ändern. Wenn einer Mutter bewußt ist, daß sie nervös und gereizt ist, weil sie sich überfordert fühlt, ändert dieses Wissen zunächst nichts an ihrer Grundstimmung. Selbst wenn die Mutter in unserem Beispiel wüßte, *warum* ihre Kinder in Streit geraten sind, bedeutet das nicht gleichzeitig, daß sie den Streit verhindern oder beenden könnte.

Soviel zu der Konzentration auf Probleme und Ursachen. Betrachten wir nun die andere Alternative: Wenn ich mir ein Ziel setze, drehe ich mich sozusagen innerlich um 180 Grad. Ich schaue nicht mehr bloß zurück zu den Ursachen und Problemen, sondern richte meinen Blick in die Zukunft: dorthin, wo mein Ziel ist. Das öffnet mein Blickfeld und läßt neue Möglichkeiten erkennen, die ich auf der Seite der Ursachen vergeblich suchen würde. Diese 180-Grad-Drehung läßt sich übrigens auch wörtlich nehmen. Wenn Sie wieder einmal das Gefühl zu haben, in einem Problem festzustecken, stellen Sie sich mitten ins Zimmer. Schauen sie geradeaus, und stellen Sie sich Ihr Problem mit seinen Ursachen vor (ganz bildhaft). Dann drehen Sie sich bewußt um 180 Grad, und schauen Sie in die andere Richtung: zu Ihrem Ziel, das Sie erreichen möchten. Lassen Sie sich überraschen von den Gedanken und Bildern, die Ihnen von selbst dazu kommen.

Wünsche und Ziele

Jeder Mensch plant und handelt zielorientiert. Das ist nichts Neues. Neu ist dagegen die Erkenntnis, daß die Art und Weise, wie wir unsere Ziele formulieren, ganz entscheidend dazu beiträgt, ob wir sie erreichen – oder eben nicht. Manche Ziele sind versteckte Wünsche, und das hat entscheidende Auswirkungen.

Denken Sie noch einmal an unser Beispiel zurück. Wenn die Mutter als Ziel nennt, daß ihre Kinder in Ruhe zusammen spielen, ist das zwar ein verständlicher Wunsch, aber kein Ziel. Es liegt nicht allein in ihrer Macht, ob die Kinder ruhig spielen. Sie kann zwar die Voraussetzungen schaffen und für eine ruhige Umgebung sorgen, aber nicht die Ruhe des Spiels steuern. Zwischen Wünschen und Zielen besteht also offensichtlich ein Unterschied. Auf Ziele kann man hinarbeiten, man kann sich Wege zum Ziel suchen und so das Ziel erreichen. Wünsche dagegen werden erfüllt oder auch nicht. So sind wir bei einem der wichtigsten Unterschiede zwischen Wünschen und Zielen: der persönlichen Zuständigkeit und Verantwortung. Liegt es in meiner Macht, oder bin ich dabei auf andere Menschen angewiesen, lautet die entscheidende Frage.

Natürlich haben wir alle auch Wünsche, deren Erfüllbarkeit von anderen Menschen abhängig ist. Wir leben schließlich nicht auf einer einsamen Insel, und gerade eine Familie ist von Natur aus ein System gegenseitiger Abhängigkeiten. Hier sollen nicht die Wünsche abgewertet werden! Für unser Thema der persönlichen Ziele ist allerdings eines der wichtigsten Kriterien, daß wir auch tasächlich unser eigenes Ziel finden und nicht etwa das eines anderen. „Ich möchte, daß mein Mann freundlicher zu mir ist." „Mein Ziel ist es, daß meine Kinder gute Tischmanieren haben / höflich sind / …" Das sind Beispiele für Wünsche, nicht für Ziele. Ein Ziel kann sein, daß ich selbst freundlich und gelassen mit meinem Mann spreche. Wenn er daraufhin auch freundlich reagiert, umso besser. Doch nur mein Verhalten habe ich selbst „im Griff". Wenn ich warte, bis er freundlich ist, kann ich unter Umständen lange warten. Bei den Kindern könnte mein Ziel also sein, selbst mit gutem Beispiel voranzugehen (Tischmanieren, Höflichkeit). Hier kann ich selbst aktiv etwas tun, statt nur passiv zu warten.

Oft ist ein Wunsch der erste Schritt aus einer unbefriedigenden Situation heraus. Um die Situation langfristig und dauerhaft zu verändern, reichen Wünsche allerdings in der Regel nicht aus. Die gute Fee gibt es leider nur im Märchen. In unserer Realität sind wir selbst für unser Leben verantwortlich. Genau hier liegt die große Herausforderung: unser Leben selbst in die Hand zu nehmen, uns Ziele zu setzen und Wege zu finden, wie wir sie erreichen.

Der positive Zielrahmen

Es gibt einige einfache Kriterien für ein gutes Ziel. „Gut" heißt in diesem Zusammenhang, daß die Art und Weise, wie wir an unser Ziel denken und es formulieren, uns dabei hilft, es zu erreichen. Diese Kriterien bilden den Rahmen für ein gutes Ziel unabhängig von dem jeweiligen Inhalt. Deshalb nennen wir sie den „positiven Zielrahmen".

Der positive Zielrahmen

1. Sagen Sie's positiv!
2. Werden Sie konkret!
3. Finden Sie *Ihr* Ziel – nicht das von anderen!
4. Prüfstein Realität: Vorteile und Nachteile

---

1. Sagen Sie's positiv

Untersuchungen zu Hypnose und tiefen Entspannungszuständen haben ein interessantes Ergebnis erbracht: Unser Unbewußtes reagiert nicht auf Verneinungen, also auf Worte wie „nicht", „kein", „nie" usw. Ein Beispiel dazu:

Denken Sie jetzt *nicht* an einen rosa Elefanten!

Sie werden merken ... das geht nicht! Wenn wir etwas hören, entstehen in uns Bilder, in diesem Fall das eines rosa Elefanten. Daß wir nicht daran denken sollen, kann die Entstehung des inneren Bildes nicht verhindern. Das klingt interessant, doch was heißt das für den Alltag? Wenn Sie an ein Ziel denken „Ich will nicht mehr rauchen / keine Schokolade mehr essen ...", dann entstehen in Ihrem Gehirn (genauer gesagt in der rechten Gehirnhälfte) unweigerlich Bilder von Zigaretten bzw. Schokolade. Das ist unvermeidlich. Diese Bilder sind meist sehr farbig und entsprechend anziehend. Vielleicht sind sie auch mit Geschmack, Geruch oder Geräuschen verknüpft – das läßt sie dann noch lebendiger wirken. So werden wir unser Ziel nicht gerade leicht erreichen. Wenn wir uns dagegen überlegen, was wir denn eigentlich wollen, im positiven Sinne, sieht die Sache schon ganz anders aus. Vielleicht heißt das positive Ziel „Ich atme frische, reine Luft" oder „Ich treibe Sport". Dann entstehen auch Bilder, ebenfalls mit anderen Sinneseindrücken verknüpft – aber das sind Bilder unseres Ziels! Dagegen müssen wir uns nicht wehren wie bei der Zigarette im vorigen Beispiel, sondern wir können ihre Anziehungskraft nutzen, um genau *dorthin* zu gelangen: an unser Ziel.

Ein weiteres Beispiel: Ein Kind balanciert waghalsig auf einer Mauer, die Eltern sehen es und rufen: „Fall bloß nicht runter!" Kaum sind diese Worte ausgesprochen, passiert es schon – das Kind liegt auf der Nase. Um den Zuruf „Fall bloß nicht runter!" zu verstehen, muß sich das Kind eine innere Vorstellung vom Fallen machen, denn sonst würde es den Satz nicht verstehen können. Sein Unbewußtes und sein Körper reagieren unmittelbar auf diese innere Repräsentation – und das Kind fällt hin. Die Eltern würden ihrem Kind also wesentlich mehr helfen, wenn sie zum Beispiel sagen „Halte dich schön fest", „Bleib ruhig stehen" oder wenn sie direkt hingehen (nicht hin*rennen*!) und ihrem Kind Hilfestellung geben.

Um ein Ziel zu erreichen, ist also der erste Schritt die positive Formulierung. Dieses Kriterium des Zielrahmens bildet die Grundlage für alles weitere. Überprüfen Sie deshalb Ihr Ziel sorgfältig, denn manche negativen Ausdrücke sind gut versteckt (z.B. vermeiden, aufhören, verringern etc.).

Einige Beispiele zur Illustration:

Ich will meine Kinder nicht mehr anschreien.	Ich rede sachlich und entschieden mit meinen Kindern.
Ich möchte es schaffen, geduldiger mit meinen Kindern zu sein.	Ich nehme mir Zeit für mich und andere.
Ich will abnehmen.	Ich fühle mich schlank und attraktiv.

2. Werden Sie konkret!

Allgemein gehaltene Ziele wie „Ich will mehr Anerkennung / geliebt werden / selbstsicherer sein" sind auf den ersten Blick unmittelbar verständlich. Wer würde das nicht wollen? Betrachten wir diese Formulierungen genauer – was heißt eigentlich „mehr Anerkennung"? Was bedeutet „Selbstsicherheit"? Die Wörter verstehen wir natürlich, sie sind uns mehr oder weniger vertraut. Doch was genau bedeutet zum Beispiel „Anerkennung"? Welches Bild entsteht dabei in uns?

Das zweite Kriterium für ein „gutes Ziel" ist seine konkrete Formulierung. Fragen Sie sich, woran Sie ganz konkret und spürbar erkennen können, daß Sie Ihr Ziel erreicht haben. Formulieren Sie es in der Sprache Ihrer fünf Sinne. Wenn Sie zum Beispiel ihren Kindern gelassen und sicher gegenüberstehen wollen, was und wie würden Sie dabei sehen, hören, fühlen, riechen, schmecken ...? So kommen Sie Ihrem Ziel bereits einen Schritt näher: Vielleicht finden Sie heraus, daß „gelassen" für Sie bedeutet, daß Sie aufrecht stehen, die Schultern entspannen und Ihrem Kind in die Augen sehen. Oder daß Ihre Stimme klar und deutlich klingt, daß Sie tief durchatmen oder auch etwas ganz anderes.

Sobald Sie Ihr Ziel so formulieren, können Sie es leichter erreichen. Denn mit diesen Dingen, auf die Sie nun gestoßen sind – aufrechte Haltung, tiefes Atmen, Blickkontakt usw. –, können Sie aktiv experimentieren. Die einzelnen Schritte werden deutlicher, um ans Ziel zu kommen.

„Wer nicht genau weiß, wo er hinwill, kann auch an einer anderen Stelle herauskommen." Das ist eine alte und zutreffende Pfadfinder-Weisheit. Wer sein Ziel dagegen ganz konkret formuliert, kann schon dadurch Wege sehen, wie er es erreichen kann.

3. Finden Sie Ihr Ziel – nicht das von anderen!

„Ich will, daß mein Kind freundlicher zu mir ist." Das ist auch ein Ziel – aber in dieser Formulierung ist nicht Ihr, sondern das Verhalten Ihres Kindes genannt. Er oder sie soll sich ändern, nicht ich. Das ist ein Wunsch. Ein Ziel für mich ist, herauszufinden: Wie kann oder will *ich* mich verhalten, damit meine Chancen größer werden, daß mein Kind freundlicher zu mir ist? Zu einem solchen Ziel können Sie den Weg selber aussuchen. Die Wahl meiner Worte, der Tonfall und die Gestik liegen in diesem Beispiel in meiner eigenen Kontrolle. Anders wäre es bei Zielen wie: „Meine Kinder sollen mir besser gehorchen / mich mögen etc." Hier geht es nicht nur um *mein eigenes Verhalten*. Das Verhalten anderer kann ich aber nicht ändern – ich kann nur mithelfen, die Bedingungen zu schaffen, unter denen *der andere* sein Verhalten ändern kann und will. Dieser kleine Unterschied im Blickwinkel – mein Verhalten oder das des anderen – ist von entscheidender Bedeutung! Das gilt auch bei Kleinkindern, die sich ja angeblich noch leicht „lenken" lassen. Spätestens wenn es um Essen, Verdauung oder Schlafen geht, wird den meisten Eltern klar, daß sie hier nichts mehr „lenken" können. Man kann kein Kind zwingen, zu essen, zu trinken oder zu schlafen. Wir können nur Bedingungen und eine Familienatmosphäre schaffen, die es dem Kind erleichtern, sein Verhalten zu ändern. Vielleicht ist diese Verhaltensänderung etwas anders als geplant, weil das Ziel des Kindes nicht exakt mit dem der Eltern übereinstimmte. Genau darin liegt aber eine große Lernchance: Wenn wir als Eltern es schaffen, unseren Anspruch von Allmacht und Allwissenheit zu relativieren und unsere Kinder wirklich ernst zu nehmen mit ihren Wünschen, Gefühlen und Bedürfnissen, kann sich eine neue Welt öffnen, in der auch Eltern von ihren Kindern lernen.

Machen Sie Ihr Ziel so interessant, daß es sie reizt, dorthin zu gelangen. Eine einfache Möglichkeit liegt dabei wieder in der Formulierung. Benennen Sie Ihr Ziel so, als ob Sie es bereits erreicht hätten. Also nicht: „Ich möchte endlich morgens besser gelaunt aufstehen", sondern: „Ich stehe morgens gut gelaunt auf und freue mich auf den Tag." Ziele, die in der Gegenwart formuliert sind (*ich bin* statt *ich werde*), lassen in unserm Unterbewußten wesentlich farbigere und lebendigere Bilder entstehen, die wiederum wie Magneten für die Zielerreichung wirken.

Übrigens: Auch die Länge der Formulierung ist wichtig. Kürzere Sätze wirken stärker und prägnanter. Machen Sie es sich zur Regel, Ihr Ziel möglichst kurz zu formulieren. Wenn Sie einen Nebensatz darin verpackt haben, fragen Sie sich: „Was ist der Kern meines Zieles? Auf was kommt es wirklich an?" Lassen Sie alles schmückende Beiwerk und die Füllwörter weg.

4. Prüfstein Realität: Vorteile und Nachteile

„Alles hat auch seine Schattenseiten", sagt ein Sprichwort. Das gilt auch für Ziele. Manche haben unerwünschte „Nebenwirkungen" und Begeiterscheinungen, an die man im ersten Moment überhaupt nicht gedacht hat. Bevor man sich daran macht, das Ziel zu erreichen, ist es deshalb sinnvoll, es auf eventuelle Nachteile zu prüfen.

Gehen Sie dabei systematisch die verschiedenen Bereiche Ihres Lebens durch: Familie, Freund, Beruf, Freizeit ... In der Begeisterung für ein Ziel sagt man leicht: „Was soll das schon für Nachteile haben? Da kann doch überhaupt nichts passieren – nur Vorteile!" Wenn Sie aber genauer hinsehen, stoßen Sie vielleicht doch auf die eine oder andere Schwierigkeit oder ein Risiko.

Wie wird meine Umwelt reagieren, wie mein Partner, welche Konsequenzen werden mir entstehen? Wie werden die Kinder reagieren? Sie sind möglicherweise überrascht, wenn ich mich anders verhalte. Sinnvoll wäre es deshalb, sich weitere konkrete Verhaltensweisen zu überlegen, zum Beispiel: „Wenn ich beim ersten Mal noch nichts erreiche, wiederhole ich es klar und bestimmt ein weiteres Mal." Wie wird die Umwelt reagieren? Es ist ja durchaus möglich, daß die Leute „erzieherisches Eingreifen" erwarten. Kommen dann gute Ratschläge, Kommentare und persönliche Angriffe? Wie gehe ich damit um? Bin ich bereit, in Kauf zu nehmen, daß die Klärung der Situation eventuell länger dauert als bei der alten Lösung? Riskiere ich, daß von anderen ungeduldige Aufforderungen kommen können? Ganz allgemein formuliert heißt das: Wie hoch ist der Preis für die neue Lösung? Bin ich bereit, ihn zu zahlen – oder ist mir der Preis zu hoch?

Es hat Vorteile, sich vorher Ziel und Konsequenzen genau zu überlegen. Wenn Sie mögliche Nachteile entdecken, können Sie Ihr Ziel leicht entsprechend ändern, anpassen und umformulieren.

Und nicht zuletzt noch eine Anmerkung: Fragen Sie sich auch, was Ihre *jetzige* Lösung für Vorteile bietet. Vielleicht hat auch sie ihr Gutes, und dafür wäre im neuen Ziel kein

Platz mehr. Wenn Sie auf solche „versteckten Vorteile" stoßen, suchen Sie zuerst Möglichkeiten, wie denn diese Vorteile in Ihr Ziel eingebaut werden können. Ist der Nutzen des gegenwärtigen Verhaltens in meinem Ziel enthalten? Bei genauem Hinsehen gibt es immer eine gute Absicht, warum ich mein Ziel bisher noch nicht verwirklicht habe – sei es, daß ich sicherstellen wollte, daß ich alle nötigen Informationen vorher sammeln kann, oder weil ich mir genügend Zeit lassen wollte, oder weil ich bestimmte Dinge noch klären / lernen / erfahren wollte ... dies hängt von der persönlichen Geschichte ab. Entscheidend für ein „ökologisches" Ziel ist, daß die gute Absicht des gegenwärtigen Zustandes im Ziel enthalten ist und gesichert bleibt.

Nehmen wir noch einmal das Beispiel „Anschreien". In manchen Situationen kann es durchaus sinnvoll sein, wenn Sie sehr bestimmt und vielleicht auch laut Ihre Meinung vertreten, zum Beispiel wenn Sie morgens aus dem Haus müssen und Ihr Kind regelmäßig trödelt. Gelassenheit und Entspannung führen hier vielleicht nicht sehr weit. Genauso unsinnig ist es allerdings, hysterisch zu schreien. Sie könnten beispielsweise Ihr Ziel, ruhig und gelassen mit Ihrem Kind zu sprechen, erweitern durch „bestimmte Anweisungen geben, wenn es die Situation erfordert". Es lohnt sich, hier ganz konkrete Situationen in Gedanken einmal durchzuspielen, und das Ziel entsprechend anzupassen.

Erziehungsziele

Bis hierher haben wir allgemeine Kriterien betrachtet, die aus einem Ziel ein „gutes", das heißt erreichbares Ziel machen. In der Situation Familie kommt dazu ein weiterer wichtiger Aspekt: Als Eltern ist eines unserer zentralen Ziele, daß wir unseren Kindern Wertvorstellungen vermitteln. Diese Wertvorstellungen spiegeln sich in unseren Erziehungszielen wider. Diese Erziehungsziele sind zunächst theoretisch – praktisch spür- und sichtbar werden sie dann, wenn wir unser eigenes Verhalten danach ausrichten. Dies gelingt in der Realität des Eltern-Alltags allerdings nicht immer zu hundert Prozent, denn unser Verhalten wird von vielen Faktoren beeinflußt, und die Ziele sind nur einer dieser Faktoren. Entscheidend ist beispielsweise auch die persönliche Wichtigkeit eines Ziels. Ziele, die uns am Herzen liegen, wirken sich wesentlich direkter und stärker auf unser Verhalten aus als solche, von denen wir nur theoretisch überzeugt sind.

Erziehungsziele betreffen nicht nur uns selbst, denn das Kennzeichen eines Erziehungszieles ist ja gerade, daß es die Kinder miteinbezieht. Als Eltern geben wir den Rahmen der Eltern-Kind-Beziehung vor. Das ist besonders wichtig, wenn die Kinder noch klein sind und unsere aktive Unterstützung brauchen, um sich in unserer Welt zu orientieren. Aber auch später bleibt die Notwendigkeit, daß wir als Eltern den Rahmen der Beziehung gestalten. Kinder fordern uns heraus, Grenzen zu setzen. Sie wollen wissen, wie weit sie gehen können, und wo wir unseren Standpunkt behaupten und klar Stellung beziehen. Das ist auch und gerade bei „großen" Kindern wichtig.

Die Aufgabe der Eltern ist es, den Rahmen zu setzen. Die Kinder erfahren die Grenzen des Rahmens und ebenso die Freiräume. Es liegt in ihrer Natur, daß sie die Grenzen des Rahmens beständig testen. In manchen Entwicklungsphasen werden wir als Eltern dabei hart gefordert. Das ist ganz normal. Manche Eltern meinen, ihren Kindern einen Gefallen zu tun, wenn sie den Rahmen in einer derartigen Phase stark lockern und von ihren eigenen persönlichen Werten abrücken. Doch Kinder brauchen die Erfahrung, an eine Grenze zu stoßen, auf die Verlaß ist. „Verlaß" bedeutet hier einerseits zeitliche Stabilität (morgen gelten die gleichen Grenzen wie heute) und andererseits Transparenz (warum wird hier eine Grenze gesetzt?). Solche Grenzen geben Kindern die Sicherheit, die sie zu ihrer gesunden Entwicklung brauchen.

Damit wir als Eltern einen so verläßlichen Rahmen bieten können, ist es notwendig, daß wir selbst Klarheit über unsere persönlichen Erziehungsziele haben. Was ist uns wichtig, für welche Werte setzen wir uns ein, welche Regeln gelten in unserer Familie – und warum? „Klarheit" bedeutet nicht unbedingt, daß Mutter und Vater hier zu 100 Prozent übereinstimmen müssen. Gewisse Unterschiede in den persönlichen Meinungen sind durchaus in Ordnung, vorausgesetzt, es herrscht Einigkeit über die Verschiedenheit der Meinungen. Nichts ist schlimmer als Eltern, die sich über grundlegende Werte und Ziele nicht einig sind und deren Kinder genau diesen Konflikt dann ausnutzen und beide gegeneinander ausspielen. Wenn sich die Eltern *einig sind*, daß sie in manchen Bereichen *anderer Meinung sind* und das gegenseitig anerkennen, kann das die Familie sogar bereichern. Schon kleine Kinder lernen schnell, daß es sozusagen ein „Mama-Land" und ein „Papa-Land" gibt. Die beiden „Länder" können von ihrer Landschaft her schon mal unterschiedlich sein, doch beide sind gleich wichtig und interessant.

Zum Thema Erziehungsziele ist bereits viel geschrieben worden. Entscheidend ist, daß wir unsere persönlichen Ziele und Werte zunächst für uns selbst klären. Was ist mir wichtig? Welche Werte sind für mich zentral? Was möchte ich meinen Kindern auf jeden Fall vermitteln? Im zweiten Schritt können wir darauf achten, wie wir diese Überzeugungen leben – und zwar sowohl in der Familie als auch „draußen". Wie sind unsere Werte in unserem Verhalten sichtbar? Reden wir nur darüber oder „sprechen" wir durch unser Verhalten? Durch unser Verhalten vermitteln wir den Kindern unsere Werte und Ziele auf ganz natürliche Weise. Hier sind keine Predigten nötig – denn Kinder sind „auf diesem Ohr" in der Regel ziemlich schwerhörig. Elterliche Ermahnungen und Ansprachen stoßen oft auf geringe Resonanz und gehen buchstäblich beim einen Ohr rein, beim anderen wieder raus. Wenn wir als Eltern unser Ziel klar vor Augen haben und unser Verhalten danach ausrichten, sind wir wesentlich überzeugender als jemand, der viele leere Worte macht.

Praxis-Tips

✍ **Eigene Ziele klären**

Nehmen Sie sich einmal Zeit für Ihre eigenen Ziele. Was ist Ihnen wichtig? Welche Ziele möchten Sie erreichen – für sich selbst, in der Familie, in der Partnerschaft? Formulieren Sie Ihre Ziele nach dem positiven Zielrahmen: positiv, konkret, eigenverantwortlich und „ökologisch". Schreiben Sie sich Ihr Ziel dann auf und lesen Sie es mehrmals täglich durch. Geben Sie Ihrem Unbewußten das Signal, an der Zielerreichung mitzuarbeiten.

Unterstützen können Sie diesen Prozeß, indem Sie Ihr Ziel in „schön" aufschreiben, so daß Sie es gerne betrachten, und dann an einem geeigneten Platz aufhängen (z.B. am Badezimmer-Spiegel, neben der Eingangstür, über Ihrem Schreibtisch, am Bett …). Wenn Sie häufig einen

Taschenkalender benutzen, empfiehlt es sich auch, eine kleine Abschrift des Zieles dort hineinzulegen.

☺ Erziehungsziele

Welche Grundhaltungen möchten Sie Ihren Kindern vermitteln? Was ist Ihnen wichtig? Welche Ziele verfolgen Sie in Ihrer Erziehung, und welche Mittel setzen Sie dazu ein? Stimmen Sie mit Ihrem Partner überein, oder gibt es Unterschiede in der Haltung beider Elternteile? Wenn es Unterschiede gibt – welche sind es? Wie gehen Sie damit um? Sind Sie bereit, Ihre unterschiedliche Haltung gegenseitig zu respektieren?

☺ ✍ „Zurück in die Zukunft"

Gehen Sie in Gedanken einmal in die Zukunft und stellen Sie sich vor, Sie wären fünf oder zehn Jahre älter und würden auf den heutigen Tag und typische Konflikt-Situationen zurückblicken: Was wird aus dieser neuen Perspektive deutlich? Welchen Rat könnten Sie sich für Ihre gegenwärtige Situation geben, wenn Sie so aus der Zukunft zurückblicken?

Gehen Sie dann noch weiter in die Zukunft und stellen Sie sich vor, Ihr Kind wäre bereits erwachsen und lebte sein eigenes Leben. Wenn Ihr erwachsenes Kind auf die gegenwärtige Situation zurückschaut, was wäre seine Meinung, sein Rat, sein Wunsch an Sie? Angenommen, Ihr Kind wäre dann selbst bereits Mutter oder Vater – was würde es Ihnen sagen wollen?

Wenn Sie wollen, gehen Sie noch einen Schritt weiter, und stellen Sie sich Ihr Kind vor, wenn es selbst bereits fünfzig oder sechzig Jahre alt ist und vielleicht auch selbst Enkelkinder hat: Was denkt er/sie dann rückblickend über die eigenen Eltern, über seine ihre Kindheit und über typische Konflikt-Situationen? Was wäre seine/ihre Botschaft an Sie?

✍ Zielklärung für die Praxis

1. Denken Sie an das letzte größere Problem mit Ihren Kindern. Stellen Sie sich die wichtigen Szenen bildhaft vor.

2. Drehen Sie sich jetzt um, und schauen Sie in die entgegengesetzte Richtung im Raum. Welches Ziel wollten Sie in dieser Situation erreichen? Stellen Sie sich dieses Ziel so konkret und bildhaft wie möglich vor.

3. Wenn Ihnen Ihr Ziel klar ist, überlegen Sie sich drei verschiedene Wege, wie Sie es erreichen können. Entscheiden Sie, welcher Ihnen am besten gefällt.

4. Überlegen Sie, wann ein Problem wie in Schritt 1 wieder auftauchen könnte. Stellen Sie sich vor, wie Sie dann die Möglichkeit aus Schritt 3 in die Tat umsetzen. Was wird sich dadurch verändern an der Situation, an Ihrem eigenen Verhalten und Gefühlszustand und an Verhalten und Reaktionen der anderen Beteiligten?

Kapitel 4

Probleme als Chance zum Umdenken

Als unsere Tochter etwa drei Jahre alt war, war eine ihrer Lieblingsbeschäftigungen, mir bei der Hausarbeit zu helfen. „Waschbecken putzen" war besonders beliebt. Sie war mit Feuereifer bei der Sache, produzierte eine große Menge Schaum und putzte hingebungsvoll das ganze Waschbecken. Um den Schaum wieder abzuspülen, war dann natürlich sehr viel Wasser nötig. Unnötig zu sagen, daß das Bad nach dieser Aktion in der Regel aussah wie nach einer mittleren Sintflut. Sandra war sehr stolz auf sich und ihre Arbeit. Meine Reaktionen wechselten je nach Tagesform. Wenn ich von der Aktion überrascht wurde oder selbst nicht „gut drauf" war, reagierte ich in der Regel mit mittlerem Entsetzen über das Ergebnis ihrer Putz-Aktion. War ich dagegen selbst gelassen und ausgeglichen, konnte ich ihren Eifer und ihre Hilfsbereitschaft ehrlich loben.

Etwa im gleichen Alter begann Sandra auch, sich morgens alleine anzuziehen. Das bedeutete für mich natürlich eine große Arbeitserleichterung, denn ich hatte zu dieser Zeit auch noch ein Baby zu versorgen. Sandra liebt bunte Farben, Blumen und große Muster – und entsprechend fiel auch ihre Auswahl der Kleidung aus. Manchmal hatte ich große Schwierigkeiten, mir eine Bemerkung zu verkneifen, wenn sie dann ganz kunterbunt angezogen erschien. Ich habe mir dann zur Regel gesetzt, wirklich nur dann etwas gegen ihre Auswahl zu sagen, wenn sie den herrschenden Temperaturen überhaupt nicht entsprach (z.B. kurzärmeliges T-Shirt im Winter). Gleichzeitig versuchte ich ihr allmählich bestimmte Grundsätze der Farb- und Musterauswahl zu vermitteln. Im nachhinein war diese Strategie erfolgreich – sie führte allerdings immer wieder zu belustigten oder kritischen Reaktionen meiner Umwelt.

Ähnliche Situationen wie diese beiden kennt wohl jeder, der mit kleineren Kindern lebt, aus eigener Erfahrung. Warum also

stehen diese Beispiele am Anfang des Kapitels über Probleme und Chancen? Ein ganz zentraler Grundsatz im NLP lautet: „Jedes Verhalten hat eine positive Absicht." Dieser einfache Satz beinhaltet zwei wesentliche Grundannahmen: Erstens sind Absicht und Verhalten nicht dasselbe, und zweitens gehen wir von einer grundsätzlich positiven Absicht aus, die jedem Verhalten zugrundeliegt.

Betrachten wir beide Beispiele genauer. Absicht und Verhalten lassen sich dabei leicht trennen. *Verhalten* kann man sehen, eine *Absicht* aber nicht. Das Verhalten ist also im einen Fall „putzen", im zweiten Fall „alleine anziehen". Was ist die positive Absicht hinter diesem sichtbaren Verhalten? Beim Waschbecken-Putzen wollte mir Sandra helfen. Daß es ihr nebenbei auch noch einen Riesenspaß gemacht hat, kommt unterstützend dazu. (Dieser Spaß läßt mit zunehmendem Alter nach – vielleicht eine mögliche Erklärung, warum Kinder im Schulalter so gar nicht mehr begeistert sind von der Aussicht, das Waschbecken putzen zu dürfen ...) Im zweiten Fall, als Sandra begann, sich allein anzuziehen, war ihre Absicht, selbständig zu sein. „Ich zeige der Mama, wie groß ich schon bin und was ich kann."

Wenn ich Sandra gelobt habe, weil sie mir beim Putzen geholfen hatte, hat sie gestrahlt und fühlte sich großartig. Falls ich mich aber – aus welchen Gründen auch immer – über die Sintflut im Bad beschwert hatte, war sie ziemlich enttäuscht. Ihre Begeisterung zu weiteren Putzaktionen nahm dann erst einmal deutlich ab. Ähnlich ging es beim Thema Anziehen: Wenn ich nicht über meinen Schatten springen konnte und ihre Farbwahl kritisierte, wurde Sandra entweder ärgerlich, fing an zu argumentieren oder stellte sich stur. Falls ich auf anderen Kleidern bestand, mußte ich Sandra dann natürlich neu anziehen – selbst tat sie es nicht mehr. Wenn ich aber ihre Auswahl gelten ließ und ihr sagte, daß ich mich freue, weil sie sich alleine angezogen hat, war sie sehr stolz auf sich und ihre Selbständigkeit.

Als Erwachsene können wir uns immer wieder aufs neue entscheiden, worauf wir reagieren wollen – auf das Verhalten unserer Kinder (das uns öfter einmal ärgert) oder auf ihre Absicht, die dahinter steht. Die Auswirkungen beider Reaktionen unterscheiden sich sehr stark. Wenn wir die *positive Absicht* würdigen, fühlt sich das Kind verstanden, ernst genommen und akzeptiert. Unser Kontakt wird gestärkt, die Eltern-Kind-Beziehung unterstützt. Konzentrieren wir uns dagegen bloß auf das *sichtbare Verhalten*, besteht die Gefahr, daß sich das Kind ganz und gar unverstanden fühlt. „Ich wollte doch nur ... Warum werde ich dafür jetzt geschimpft? Erwachsene sind doof – die verstehen mich einfach nicht." So könnte man die Gefühle des Kindes in Sprache übersetzen. In diesem Fall leidet die Beziehung, das Kind „macht zu", Offenheit und Vertrauen werden erschwert.

Gesucht: gute Absichten

Was bedeutet eigentlich „positive Absicht"? Für wen ist diese Absicht positiv? Ist sie das immer – oder gibt es auch negative Absichten? Gerade im Leben mit Kindern lohnt es sich, diesen Fragen einmal genauer nachzugehen.

Wenn wir das Verhalten der Kinder aus unserer persönlichen Situation heraus bewerten, können wir leicht in Versuchung kommen, es negativ zu beurteilen. Die Überschwemmung im Bad zu beseitigen, dauert sicher viel länger, als wenn ich selbst schnell das Waschbecken geputzt hätte. Und wie sieht das denn aus, wenn mein Kind so kunterbunt wie Pippi Langstrumpf mit mir zum Einkaufen oder in den Kindergarten geht? Was denken da die anderen Leute, was die Erzieherin? So sieht die Situation durch die „typische Erwachsenen-Brille" aus. Sie ist ganz und gar verschieden von der Sicht des Kindes, das im einen Fall helfen wollte, im anderen selbständig sein. Dadurch, daß wir im Rundumschlag das Verhalten kritisieren, ignorieren wir gleichzeitig die Absicht, die dahinter steht.

In der Psychologie gibt es den Begriff der Motivation. Motivation ist die Triebfeder unserer Handlungen. Sie ist unmittelbar mit der Absicht gekoppelt, denn sie bringt uns dazu, bestimmte Handlungen auszuführen und andere zu vermeiden. In beiden Fällen ist die Absicht positiv, das heißt für den Handelnden sinnvoll. Genau das ist der entscheidende Punkt: Eine Absicht hinter dem Verhalten ist immer mindestens für den Handelnden selbst positiv in seiner eigenen Sicht der Welt. Diese *subjektiv gute Absicht* ist immer vorhanden, auch wenn das Verhalten selbst als negativ zu werten ist.

Dies gilt auch für extreme negative Verhaltensweisen: Wenn wir zusammen mit dem negativen Verhalten das Kind und seine Absichten verdammen, werden wir eine positive Entwicklung verhindern. In der Regel wird durch solche Kritik und Ablehnung das negative Verhalten eher noch gestärkt, denn das Kind denkt sich „Jetzt erst recht …!" Sobald wir in der Lage sind, die Absicht vom zugegeben negativen Verhalten zu trennen, haben wir eine andere Basis für die gemeinsame Verständigung. Ein Beispiel: Ein Jugendlicher in der Pubertät ist schon öfter durch kleinere Diebstähle aufgefallen. Sind seine Eltern vom alten Schlag, werden sie ihm wahrscheinlich Vorwürfe machen, ihn bestrafen und ihm eine kriminelle Karriere voraussagen. All das bezieht sich ausschließlich auf sein Verhalten. Was könnte seine *Absicht* sein, die hinter dem Klauen steht? Was möchte er dadurch für sich erreichen? Vielleicht handelt es sich um eine „Mutprobe", um in eine Clique aufgenommen zu werden. Oder der Wunsch steht dahinter, den Freunden etwas bieten zu wollen, wofür das Taschengeld nicht reicht. Die Absicht wäre hier, Anerkennung zu bekommen. Oder er hat Probleme und möchte auf diese Weise (unbewußt) auf sich aufmerksam machen. Derartige Hypothesen lassen sich noch viele finden, denn so verschieden wie die Hintergründe derartigen Verhaltens sind, so verschieden sind die Absichten. Ich führe ein so negatives Beispiel an, um zu zeigen, daß es prinzipiell möglich ist, die Absicht als subjektiv gut anzunehmen und auch erst einmal anzuerkennen. Das Verhalten mag inakzeptabel sein – doch die Motivation zu diesem Verhalten ist immer für den Handelnden positiv. Die Absicht ist ihm übrigens häufig selbst nicht bewußt! Gerade bei Kindern ist hier viel Feingefühl gefragt, damit wir ihnen nicht unsere Absichten überstülpen, sondern wirklich offen sind für ihre subjektive Motivation.

Betrachtet man Kinder, so erkennt man, wie perfekt sich der menschliche Organismus auf unterschiedliche Situationen einstellen kann, wie er in jeder Lage dazulernen kann, wie er ständig sein Verhaltensrepertoire erweitert. Das geschieht weitgehend unbewußt; viele Verhaltensweisen, die wir von anderen übernehmen – seien es nun sprachliche Eigenheiten, Gesten, Kleidungsgewohnheiten oder was auch immer – übernehmen wir automatisch, ohne lange darüber nachzudenken. Dieses automatische Lernen leistet uns unschätzbare Dienste, denn bewußt wären die Lernaufgaben, die wir in unserem Leben vor uns haben, nicht zu meistern. Wir können davon ausgehen, daß jedes Verhalten, das wir irgendwann einmal erworben haben, für diese damalige Situation die einfachste und beste

(Problem-)Lösung war, zu der unser Organismus zu dieser Zeit in der Lage war.

Nehmen wir ein typisches Beispiel: ein quengelndes Kind. Das Verhalten variiert hier von leisem Jammern, Weinen bis zum lautstarken Gebrüll. Die Absicht, die in der Regel dahinter steht, ist, Aufmerksamkeit zu bekommen, sei es, weil die Mutter schon so lange telefoniert, der Vater Zeitung liest oder weil es dem Kind einfach im Moment nicht so gut geht und es sich allein fühlt. Das Kind kann nun im Laufe der Zeit verschiedene Möglichkeiten ausprobieren in seinem Bestreben, die Aufmerksamkeit der anderen auf sich zu lenken. Wenn sich als erfolgreichste Strategie das Weinen herausstellt, so wird es diese Möglichkeit wahrscheinlich beibehalten. Bei kleinen Kindern, die noch nicht sprechen können, ist das ganz natürlich, denn sie haben noch wenig andere Möglichkeiten, um auf sich aufmerksam zu machen.

Problematisch wird die Lage, wenn sich die Situation ändert und dennoch das alte Verhalten beibehalten wird. Die Absicht des Kindes bleibt also die gleiche – Aufmerksamkeit bekommen – doch seine Möglichkeiten, diese Absicht durch Verhaltensweisen zu erreichen, haben sich mittlerweile geändert. Das Kind ist älter und hätte eigentlich schon andere Möglichkeiten, seine Bedürfnisse mitzuteilen. Solange das alte Verhalten (Weinen) einigermaßen erfolgreich ist, wird es aber in der Regel beibehalten. Es ist zur Gewohnheit geworden. Das hindert das Kind daran, neue Möglichkeiten zu entdecken: zum Beispiel das klare Äußern von Wünschen.

So unbewußt, wie das früher erfolgreiche Verhalten gelernt worden war, wird es jetzt immer wieder eingebracht und wiederholt. Das Bewußtsein kann ja nur einen kleinen Teil dessen überblicken, was durch das Verhalten erreicht wird. Warum könnte zum Beispiel ein Erwachsener weinen, um Aufmerksamkeit zu bekommen, obwohl er oder sie sehr viel bessere und präzisere Möglichkeiten hätte, sich auszudrücken? Es kann mitspielen, daß Weinen früher auch den schönen Nebeneffekt hatte, daß die helfenden Erwachsenen dann die Verantwortung für das Klären der Situation übernahmen. Das Kind konnte sich bequem bemuttern lassen, und die Problemlösung übernahmen die „Großen". Dieser angenehme (und meist ganz unbewußte) Nebeneffekt funktioniert oft auch heute noch – und deshalb wird das alte Verhalten beibehalten.

Inzwischen hat das Bewußtsein vielleicht eingesehen, daß ein plötzlicher Tränenausbruch nicht die optimale Kommunikationsform ist. Dann wird das alte Verhalten oft als „Schwäche" oder „Fehler" abgewertet. „Ich versuche ja, mich zu ändern, aber ich schaffe es einfach nicht." Wenn man dann versucht, diese Schwäche zu bekämpfen und auszumerzen, hat man in den seltensten Fällen Erfolg. Im Gegenteil: Die bekämpfte Gewohnheit scheint immer hartnäckiger zu werden.

Warum ist das so? Sobald wir eine Gewohnheit abschaffen wollen, widmen wir diesem Fehler ungewöhnlich viel Aufmerksamkeit. Vielleicht kennen Sie auch das Problem, daß Sie immer dann, wenn Sie wirklich einmal abnehmen möchten, erst recht an Essen denken. Ihr Hunger scheint plötzlich viel größer geworden zu sein, und ständig geistern Bilder von guten Speisen in Ihrem Kopf herum … In diesem Fall konzentrieren wir uns auf den „Fehler", das störende Verhalten, die Gewohnheit, die wir abschaffen wollen. Durch diese Konzentration entstehen natürlich eine ganze Menge Bilder in unserem Bewußtsein und in der unbewußten Verarbeitung. So bekommt das störende Verhalten neues Futter.

Wenn wir von dem Denkmodell ausgehen, daß verschiedene Teile unserer Persönlichkeit für unsere Verhaltensweisen „zuständig" sind, so bietet sich noch eine andere Erklärung dafür an, daß sich Schwächen so schlecht ausmerzen lassen. Der Teil, der für das störende Verhalten zuständig ist, fühlt sich durch unseren Wunsch, ihn radikal abzuschaffen, natürlich in seiner Existenz bedroht. Und dagegen wehrt er sich erst einmal gewaltig, denn wer will schon gerne abgeschafft werden?

Wir sprechen hier von verschiedenen Teilen unserer Persönlichkeit. Was hat es mit diesem Bild auf sich? Der Ausdruck davon findet sich bereits in in vielen Redewendungen der Alltagssprache: Wir sprechen vom „Kind im Manne" oder von „zwei Seelen in einer Brust". Man ist „mit sich uneins" oder fühlt sich

„gespalten" oder gar „zerrissen". Probleme tauchen immer dann auf, wenn diese verschiedenen Seiten oder Anteile im Ungleichgewicht sind und sich widersprechen. Vielleicht fragen Sie sich nun, wie wir mit diesen „Teilen" reden können. Sie sind doch eigentlich verschiedene Seiten unserer ungeteilten Persönlichkeit, und wer ist das „Ich", das mit Ihnen reden will? Die Frage ist nur rhetorisch – wir können uns nach einiger Übung mit jeder Seite, die wir an uns entdecken, voll und ganz identifizieren und von ihr aus mit einer anderen Seite reden und umgehen, als wäre sie ein anderer Mensch. Probieren Sie es aus – es geht einfacher, als Sie denken.

Wenn jedem Verhalten eine positive Absicht zugrunde liegt, stellen wir uns vor, daß ein bestimmter „Teil" in uns für diese Absicht verantwortlich ist und sie erreichen möchte. Nun kann es vorkommen, daß das Verhalten, das dieser Teil zur Realisierung auswählt, nicht gut zum Rest der Person paßt. Will man diesen Teil jetzt kritisieren, unterdrücken oder gar loswerden, so stößt man mit Sicherheit auf Widerstand, denn der Teil kennt ja seine gute Absicht und wird sie so leicht nicht aufgeben. Also ist es viel sinnvoller, den Teil mit seiner guten Absicht ernst zu nehmen und ihn zur Zusammenarbeit zu bewegen.

Eine echte und ökologische Veränderung ist nur dann möglich, wenn wir die (unbewußte) positive Absicht der „Schwäche" erkennen und würdigen. Der Teil unserer Persönlichkeit, der für den „Fehler", die „Schwäche" verantwortlich ist, greift ja nicht aus purer Bosheit zu dem problematischen Verhalten. Vielmehr tut er es, weil ihm momentan keine besseren Verhaltensweisen zur Verfügung stehen, mit denen er seine gute Absicht verwirklichen kann. Für seine gute Absicht können wir ihm dankbar sein, denn sie dient zu unserem Wachstum. Bei der Auswahl der angemessenen Verwirklichung dieser Absicht wird der Teil gerne Hilfe annehmen – wenn er sich und seine gute Absicht gewürdigt weiß. Auf dieser Basis können wir dann neue Verhaltensweisen finden, die die gute Absicht auf bessere Weise sicherstellen, als es das problematische Verhalten („Fehler", „Schwäche") tat.

Auf den ersten Blick erscheint das für viele ein wenig verrückt. Ein Verhalten wie in unserem Beispiel die Tränenausbrüche sind ja nicht nur für den Außenstehenden, sonden auch für den Betroffenen eine kindische und hinderliche Reaktion ohne ernstzunehmende positive Aspekte. Wie soll man dahinter etwas Positives sehen? Statt einer Antwort schlage ich Ihnen an dieser Stelle eine kleine Übung vor. Sie können dazu entweder ein persönliches Beispiel oder ein Beispiel von Ihrem Kind nehmen. Schreiben Sie Ihre Antworten in Stichpunkten auf: Durch das Aufschreiben klären sich die Gedanken.

Übung: Positive Absicht

1. Notieren Sie in Stichpunkten ein Verhalten, das Sie öfter zeigen und das Sie stört.

2. Überlegen Sie, was Sie davon haben, daß Sie dieses Verhalten so konsequent beibehalten. Was könnte der Nutzen sein? (Bewußt oder unbewußt)

3. In welchen Situationen könnte dieses Verhalten genau das richtige sein?

4. Welche persönliche Stärke von Ihnen wird in diesem Verhalten deutlich?

5. Überlegen Sie sich die positive Absicht, die mit diesem Verhalten verfolgt wird.
   (Wenn Sie dieses Verhalten schon sehr lange von sich kennen, überlegen Sie, welche positive Absicht Sie wohl früher damit verbunden haben könnten.)

7. Wie können Sie diese Absicht auf andere Art und Weise sicherstellen?

8. Überlegen Sie sich, wie Sie genau die persönliche Stärke, die Sie in Frage 4 herausgefunden haben, einsetzen können, um Ihre Absicht auf andere Art und Weise zu erreichen.

Wenn Sie alle diese Fragen beantwortet haben, werden Sie vielleicht bemerkt haben, daß Ihnen einige Antworten leichter gefallen sind als andere. Haben Sie neue Aspekte an dem störenden Verhalten entdeckt – oder positive Anteile? Wenn Sie jetzt an eine Situation in der Zukunft denken, in der dieses Verhalten wieder aktuell wird – wie geht es Ihnen damit? Es kann gut sein, daß Sie plötzlich ganz neue Ideen bekommen, wie Sie in dieser künftigen Situation handeln und reagieren werden.

Durch diese bewußte Beschäftigung mit dem störenden Verhalten und der positiven Absicht können wir alte, eingefahrene Reaktionsschleifen erkennen. Manchmal genügt schon ein solcher Denkanstoß, damit wir in unserem Verhalten etwas ändern können.

Auf diese Weise können Sie sich natürlich nicht nur selbst helfen, besser mit störenden Verhaltensweisen umzugehen, sondern auch Ihrem Kind. Stellen Sie ihm/ihr die gleichen Fragen, die Sie in der letzten Übung sich selbst gestellt haben. Voraussetzung dafür ist allerdings, daß Sie wirklich einen guten Draht zum Kind haben und kein schwerwiegendes Eigeninteresse daran, daß Ihr Kind sein Verhalten unbedingt und sofort ändert. Nur dann können Sie sich wertfrei und freundlich damit beschäftigen.

Bei allen Fragen ist es gut, darauf zu achten, ob das Kind eher lockerer wird bzw. nachdenklicher oder erstaunter. Veranstalten Sie kein Kreuzverhör, sondern helfen Sie Ihrem Kind dabei, sich selbst besser kennenzulernen.

Sie müssen sich nicht unbedingt auf Fragen beschränken; manchmal sind Bemerkungen oder Kommentare viel wirksamer. Sie könnten zum Beispiel sagen: „Also ich könnte mir in einer Situation wie ... vorstellen, daß ich froh wäre, wenn ich so gut ... könnte." Denken Sie daran: Ihr Kind muß nicht auf Ihre Vorschläge eingehen oder „positiv" reagieren. Sein/ihr Verhalten zeigt Ihnen, ob Sie auf dem richtigen Weg sind. Anzeichen dafür sind zum Beispiel sichtbare Entspannung, plötzliches befreites Lachen (der sogenannte „Erkennungsreflex") oder auch nachdenkliche Reaktionen. Nehmen Sie dies als Hinweis darauf, wie gut Ihr augenblicklicher Kontakt zu ihrem Kind gerade ist und wie Sie mit Gefühlen positiv und kreativ umgehen können.

Von alten und neuen Wegen

Entwicklung heißt, neue Wahlmöglichkeiten schaffen, ohne dabei die alten Möglichkeiten abzuschaffen. Indem wir sensibel werden für die positive Absicht hinter dem Verhalten, können wir uns (oder unsere Kinder) fragen, auf welche andere Weise denn die gute Absicht des störenden Verhaltens sichergestellt werden kann.

Ein Beispiel: Zwei Geschwister kriegen sich immer wieder über Besitzrechte in die Haare. Der Kleinere macht sich einen Spaß daraus, die interessanten Sachen seines großen Bruders zu erforschen und bringt dabei natürlich einiges durcheinander. Nehmen wir an, daß das größere Kind bisher sein Eigentum durch aggressive Handlungen verteidigt hat. Die gute Absicht wäre hier also „seine eigenen Rechte wahren", das bisher störende Verhalten z.B. „Schlagen". Nun können wir gemeinsam überlegen, auf welche andere Weise es denn seine Rechte wahren kann, ohne den Kleineren anzugreifen. Je nach dem Alter und den Fähigkeiten des Kindes können wir ihm dabei Unterstützung anbieten. Vielleicht genügt ein Gespräch, in dem man gemeinsam nach Lösungen sucht. Statt Zuhauen wäre etwa ein lautes bestimmtes „Nein" denkbar, „Hände des Kleinen oder das strittige Spielzeug festhalten" oder auf der nächsten Stufe einen Tausch anbieten. Wenn das Geschwisterkind noch sehr klein ist, ist oft auch direkte Hilfe durch die Eltern nötig, die dem Großen einen „geschützten Spielraum" ermöglichen, wo er ohne Störungen des kleinen Bruders spielen kann.

Wenn die gute Absicht gefunden ist, scheint es oft unangemessen, das alte störende Verhalten weiterhin so negativ zu benennen. Was zuvor als „unerträgliches Quengeln" galt, scheint eher ein dringender Ruf nach Beachtung zu sein. „Faulheit" wird im Licht der Absicht dahinter zu „Energiereserven auftanken", „herumzappeln" wird zu „lebendig sein". Was zunächst als einfache Umbenennung erscheint, kann weitreichende Folgen für unsere persönliche Bewertung haben. Das Bewußtsein, daß auch hinter einem scheinbar sehr negativen Verhalten eine positive Absicht stecken kann, läßt uns dieses Verhalten plötzlich in neuem Licht sehen. Das kann buchstäblich neue Wege beleuchten, die vorher noch unsichtbar schienen.

Dadurch, daß wir neue Möglichkeiten finden, die gute Absicht auf andere Weise sicherzustellen, wird das alte Verhalten nicht automatisch abgeschafft. Stellen Sie sich vor, Sie fahren jahrelang einen bestimmten Weg, um zu Ihrer Arbeitsstelle zu gelangen. Plötzlich entdecken Sie einen anderen Weg, auf dem Sie genauso oder sogar schneller ans Ziel kommen. Der alte Weg ist deshalb noch genauso vorhanden, und Sie könnten ihn auch jederzeit wieder befahren. Doch Sie entscheiden sich dafür, den neuen Weg zu nehmen, der Sie schneller an Ihr Ziel bringt. Diese Metapher läßt sich auf unser Verhalten übertragen. Wir alle – auch unsere Kinder – treffen in jedem Moment die beste Wahl aus den vielen Möglichkeiten, die uns momentan zur Verfügung stehen. Welche Möglichkeiten das sind, die wir verfügbar haben, das hängt zum Beispiel auch davon ab, welche unserer Stärken, Fähigkeiten und Ressourcen für uns in diesem Moment zugänglich sind. In Kapitel 2 haben wir uns bereits mit diesem Thema beschäftigt. Wenn wir nun die gute Absicht hinter einem störenden Verhalten finden und anerkennen, wirkt dies wie eine zusätzliche Ressource, wie ein Energiestoß, um damit neue Wege zu finden, diese Absicht sicherzustellen.

Bei der Suche nach neuen Wegen haben wir einen wichtigen Helfer: unsere Kreativität. Hier bietet sich wieder eine gute Gelegenheit, von unseren Kindern zu lernen, denn eines sind Kinder ganz gewiß: sehr kreativ und unkonventionell. Auch in uns Erwachsenen steckt ein kleiner (oder großer?) kreativer Helfer, der uns bei der Suche nach neuen Möglichkeiten gerne und bereitwillig unterstützen wird. Um Zugang zu unserem kreativen Potential zu finden, genügt es oft schon, wenn wir uns an eine Situation oder eine Erfahrung erinnern, in der wir einmal so richtig voller Ideen waren. Vielleicht war das im Zusammenhang mit der Arbeit, mit persönlichen Zielen, mit einem Urlaub oder Familienfest … hier sind unzählige Fundgruben für kreative Erinnerungen. Überlegen Sie einmal, wann ihr kreativer Teil in der letzten Zeit wieder einmal so richtig geglänzt hat mit einer neuen Idee, einem neuen Einfall. Und wenn Sie bei der Suche ein bißchen weiter zurückgehen müssen: Mindestens die Streiche in der Schulzeit geben ein beredtes Zeugnis von dem Einfallsreichtum, den unser kreativer Teil damals schon zur Verfügung gestellt hat. Wenn es Ihnen schwerfällt, eine persönliche Erfahrung zu finden, versetzen Sie sich in die Position Ihres Kindes, als es einmal nur so vor Ideen sprühte.

Damit wir neue Lösungen finden können, ist es zunächst einmal wichtig, das alte Verhalten nicht mehr negativ zu benennen (faul sein, quengeln, durchdrehen), sondern möglichst wertfrei. Wenn Sie einen positiven Namen für das Verhalten finden, umso besser. Doch mindestens *wertfrei* sollte die Bezeichnung auf jeden Fall sein (z. B. für sich sorgen, sich schützen, lebendig sein). Auf dieser Basis kann Ihr kreativer Helfer nun so richtig loslegen. Seine Ideen können ganz neuartig, unkonventionell oder verrückt sein. Im Moment geht es noch gar nicht um die Ausführbarkeit der Ideen, sondern nur darum, viele neue Wege zu finden. Welche Wege davon schließlich ausprobiert werden, dabei hat der Teil, der für das alte Verhalten zuständig ist, ein Wörtchen mitzureden. Und nicht nur er allein, denn die neuen Wege sollen ja für die gesamte Persönlichkeit passen.

Oft ist es so, daß der für ein Problemverhalten verantwortliche Teil nur einfach nicht weiß, wie er seine positiven Absichten auf angemessenere Art und Weise erreichen könnte. Vielleicht erreicht er auch auf seinem bisherigen Weg noch einen interessanten Nebeneffekt. Psychologen sprechen hier vom „sekundären Gewinn". Gerade diese Nebeneffekte sind weitgehend unbewußt und deshalb einer absichtlichen Kontrolle gar nicht zugänglich. Neue Alternativen finden wir nur über die ursprüngliche gute Absicht und indem wir den Nutzen des Nebeneffektes absichern.

Der Schlüssel zur Lösung liegt darin, die bisherigen Lösungsversuche all unserer Persönlichkeitsanteile ehrlich zu schätzen und zu akzeptieren. Das ist die beste Voraussetzung für eine konstruktive Zusammenarbeit mit diesen Teilen, um angemessene Lösungen zu finden. Diese neuen Lösungen werden in der Realität ausprobiert und geprüft. Falls sich herausstellt, daß der neue Weg doch nicht besser, interessanter, schneller oder schöner ans Ziel führt, bleibt uns immer noch die Möglichkeit, den alten Weg weiter zu benutzen! Auch das bedeutet Entwicklung: Wahlmöglichkeiten schaffen und dann selbst entscheiden, was wir wählen – im Einklang mit allen Aspekten unserer Persönlichkeit.

Ja, aber? Aber ja!

Nach diesen grundsätzlichen Überlegungen zur guten Absicht und neuen Lösungen[6] kommen wir nun noch einmal gerade-

---

6 In meinem Buch „Denken, Fühlen, Leben" (mvg Verlag) habe ich ausführlich beschrieben, wie man diese Vorgehensweise nutzen kann, um persönliche Probleme zu klären oder störende Verhaltensweisen zu integrieren. An dieser Stelle gehe ich deshalb nicht weiter auf Einzelheiten für die persönliche Anwendung der Eltern für sich ein, sondern konzentriere mich auf die Anwendung im Umgang mit Kindern.

wegs in die Praxis. „Meine Tochter ist wirklich kreativ, aber sie hinterläßt auf Schritt und Tritt eine fürchterliche Unordnung." „Unser Sohn gibt sich zwar Mühe, aber seine Schrift ist einfach katastrophal." „Die Kinder sind lieb – aber so anstrengend." Wie oft haben Sie derartige Sätze schon gehört oder benutzt? Kennen Sie solche Klagen aus eigener Erfahrung?

Gemeinsam ist diesen Äußerungen zweierlei: Von der Form her sind es allesamt Klagen nach dem „Ja-aber-Strickmuster". Die emotionale Wirkung, die sie bei uns hinterlassen, könnte man mit einem schlechten Nachgeschmack vergleichen. Eigentlich wird etwas Positives gesagt (eine gute Absicht!), doch das „aber" übertönt diese Wirkung mit seinem unguten Nachgeschmack.

Es gibt eine ganz einfache Methode, solchen Ja-aber-Äußerungen den Wind aus den Segeln zu nehmen. Erstaunlicherweise funktioniert sie hervorragend in „Eigentherapie", was ja nicht immer selbstverständlich ist, denn oft drehen wir uns ohne Hilfe von außen im Kreis unserer eigenen Meinungen, Gefühle und Blockaden. Im Fall der Ja-aber-Sätze ist das Drehen gar keine schlechte Idee: Drehen Sie diese Sätze doch einfach mal um! Stellen Sie den Teil des Satzes, der nach dem „Aber" kommt, nach vorn. Der Satzteil, der anfangs vorne stand, rutscht dadurch nach hinten. Aus „Ja – aber" wird „Aber – ja".

Beispiele:

Alter Ja-aber-Satz	wird zu:
Meine Tochter ist wirklich kreativ, aber sie hinterläßt auf Schritt und Tritt eine fürchterliche Unordnung.	Meine Tochter hinterläßt auf Schritt und Tritt eine fürchterliche Unordnung – aber sie ist wirklich kreativ.
Unser Sohn gibt sich zwar Mühe, aber seine Schrift ist einfach katatrophal.	Die Schrift unseres Sohnes ist katastrophal – aber er gibt sich Mühe.
Die Kinder sind lieb – aber so anstrengend.	Die Kinder sind zwar anstrengend – aber sie sind lieb.

Lassen Sie die Sätze einmal auf sich wirken – bemerken Sie den Unterschied? Der fade Nachgeschmack hat sich verflüchtigt. An seine Stelle ist ein angenehmes Gefühl getreten, denn da gibt es offenbar etwas, das sich zu würdigen lohnt! Erstaunlich ist, daß wir inhaltlich überhaupt nichts verändert haben, weder dazu- noch weggetan. Allein die Umstellung der beiden Satzteile wirkt sich unmittelbar auf unser emotionales Erleben aus.

Im Sinne der guten Absicht könnte man sogar noch einige allzu negative Worte entschärfen oder neutralisieren, z.B. *katastrophal* in *unleserlich*. Das würde die positive Wirkung noch unterstützen.

Besonders gut läßt sich diese einfache Technik anwenden bei den sogenannten „Lieblings-Klagen". Das sind die Klagen, die wir immer wieder aussprechen, oft gedankenlos und aus Gewohnheit. Häufig sind sie emotional stark beladen und machen uns wirkliche Probleme. Probieren Sie es einfach einmal aus, wie sich ihre Klagen oder die anderer Menschen durch „Ja, aber? – Aber ja!" verändern. Die Wirkung kann verblüffend sein.

Wenn wir nur auf das problematische Verhalten unserer Kinder reagieren, ernten wir Widerstand und stecken schnell im Machtkampf. Um neue Lösungsmöglichkeiten zu eröffnen, ist es wesentlich hilfreicher, die positive Absicht zu würdigen, die hinter dem Problemverhalten des Kindes steht. Dann stehen wir uns nicht als Gegner gegenüber und können gemeinsam neue Wege finden, um diese Absicht auf andere, angemessene Art sicherzustellen, so daß die Absicht ohne die störenden Nebenwirkungen („das Problem") erfüllt wird.

Praxis-Tips

✍ **Vom Nutzen des Problems**

Nehmen Sie sich ein Blatt Papier, und schreiben Sie als Überschrift ein Problem auf, das Sie beschäftigt und bei dem Sie gerne neue Aspekte entdecken möchten. Fassen Sie das Problem möglichst in einen kurzen Satz, je prägnanter, desto besser.

Teilen Sie das Blatt dann in zwei Spalten. Über die linke Spalte schreiben Sie „Es hindert mich …", über die rechte „Es ist nützlich für …". Lassen Sie dann Ihre Gedanken fließen, möglichst wertfrei, und schreiben Sie auf, was Ihnen zu den beiden Spalten in den Sinn kommt.

Wenn Sie schließlich beide Spalten betrachten: Was haben Sie neues über die positive Absicht hinter dem Problemverhalten herausgefunden? Welches Ziel könnte sich aus der „nützlichen" Spalte herauskristallisieren?

☺ Wünsche überleben lassen

Denken Sie an eine Situation, in der Sie sich über das Verhalten Ihres Kindes geärgert haben. Beschreiben Sie die Situation und das Verhalten aller Beteiligten. Schauen Sie dann „hinter" das Verhalten: Was war Ihnen wichtig, welches Bedürfnis hatten Sie selbst? Was war die eigentliche Absicht Ihres Kindes? Was wollte es mit seinem Verhalten eigentlich erreichen? Dieser Wunsch muß längst nicht mit dem übereinstimmen, was das Kind letztendlich getan hat.

Stellen Sie sich vor, die Situation würde noch einmal ablaufen – mit einem Unterschied: Sie reagieren nun auf den Wunsch Ihres Kindes, auf sein Bedürfnis hinter dem Verhalten. Sprechen Sie diesen Wunsch ausdrücklich an. („Du wolltest also …") Wie würde Ihr Kind reagieren? Wie würde die Situation weiter verlaufen, was wäre anders?

Versuchen Sie, in den nächsten Tagen mindestens drei Mal in dieser Weise „anders" zu reagieren: Sprechen Sie in einer Konfliktsituation den zugrundeliegenden Wunsch Ihres Kindes an. Achten Sie darauf, daß Sie dies freundlich und liebevoll tun, so daß Ihr Kind sich ernstgenommen fühlt. Seien Sie aufmerksam für Veränderungen, die sich dadurch ergeben.

✍ Umdeuten

Denken Sie noch einmal an ein störendes Verhalten Ihres Kindes: Welche Fähigkeit steckt in diesem Verhalten? In welchen Situationen könnte genau diese Fähigkeit für das Kind nützlich sein?

Überlegen Sie sich Situationen, in denen Sie selbst jemanden mit dieser Fähigkeit brauchen könnten.

In welchen Situationen wäre es Ihnen nützlich, wenn Sie diese Fähigkeit selbst zur Verfügung hätten? Finden Sie auch hier mehrere Möglichkeiten!

✍ Neue Wege finden

An welchen drei Verhaltensweisen Ihres Kindes stören Sie sich am meisten? Wie können Sie diese Verhaltensweisen möglichst wertneutral und sachlich beschreiben?

Was könnte jeweils die gute Absicht dahinter sein? In welcher Weise können Sie diese gute Absicht anerkennen und respektieren?

Wie können Sie durch Ihr eigenes Verhalten Ihr Kind unterstützen, neue Möglichkeiten zu finden, um seine Absicht sicherzustellen – ohne die störenden Nebenwirkungen des Problemverhaltens?

Kapitel 5

Wie sag ich's meinem Kinde ...?

„Ich rede mir noch den Mund fusselig!" „Beim einen Ohr hinein, beim anderen wieder hinaus." „Wenn Erwachsene reden, haben Kinder den Mund zu halten." „Sag mal, verstehst du eigentlich nicht, was ich dir sage?" –

„Erwachsene hören einfach nie zu." „Immer wissen sie alles besser." „Mit meiner Mutter kann man ja nicht reden ..." „Dauernd nur Problemgequatsche!"

Dies sind einige Zitate zum Thema „miteinander reden" in der Familie. Welche davon haben Sie selbst schon einmal gehört oder kennen Sie aus eigener Erfahrung?

Sobald die Kinder sich sprachlich ausdrücken können, beginnt in der Familie die lange Zeit der Diskussionen. „Warum?" ist eine der Lieblingsfragen, mit denen Kinder die Aussagen, Standpunkte oder Anweisungen ihrer Eltern durchleuchten wollen. Kinder hinterfragen Anschauungen, die uns längst zur Gewohnheit geworden sind. Deshalb kann es sehr interessant und bereichernd sein, mit Kindern zu diskutieren – vor allem dann, wenn wir selbst auch einmal von unserem gewohnten Standpunkt abrücken können und die Ansichten der Kinder wirklich ernst nehmen. Sie bieten uns neue Blickwinkel, die wir im Alltag oft gut brauchen können. Und gerade ältere Kinder können Wortgefechte mit Erwachsenen sehr genießen, solange sie in einer Atmosphäre gegenseitiger Zuneigung geführt werden.

Diskussionen mit Kindern können allerdings auch anstrengend und zeitintensiv sein, denn Kinder vertreten ihren Standpunkt in der Regel mit großer Vehemenz und oft auch Kompromißlosigkeit. Und wenn man dann zum 153. Mal über die Frage verhandelt, welche Regeln in der Familie gelten, warum Tischmanieren wichtig sind und warum eigentlich in welcher Form Hausaufgaben gemacht werden sollen oder ähnliches mehr, dann geht uns Erwachsenen schon einmal die Luft aus.

Wenn es darum geht, wer über die größere Energie und den längeren Atem bei solchen Gesprächen verfügt, sind die Kinder uns Erwachsenen oft überlegen.

Ob wir als Eltern, Erzieher oder Lehrer Diskussionen mit Kindern schätzen, ist nicht die entscheidende Frage. Diskussionen sind unvermeidbar – zum Glück, denn sie sind zentral für die Entwicklung der Kinder. In Gesprächen lernen sie den gegenseitigen Austausch, entwickeln ihre Kommunikationsfähigkeiten, üben ihr Verhandlungsgeschick und machen Erfahrungen, die sie für ihr Leben außerhalb der Familie notwendig brauchen. Innerhalb der Familie haben sie ein weites Übungsfeld und in der Regel auch einen geschützten Rahmen, um ihre Möglichkeiten und Fähigkeiten auszuprobieren. Wenn wir diese Selbst-Erfahrung (im wörtlichen Sinn) unterstützen, geben wir unseren Kindern eine sichere Basis für ihr Leben im „Informationszeitalter". Die Fähigkeit zur Verständigung und Kooperation wird künftig in ihrem Leben eine weit größere Rolle spielen, als sie das bereits heute bei uns tut.

In diesem Kapitel wollen wir die Kommunikation zwischen Eltern und Kindern[7] genauer betrachten. Wie Eltern und Kinder miteinander reden (oder auch nicht), ist einer der entscheidenden Einflußfaktoren für das Familienklima. Weht hier ein rauher Wind, vor dem man sich schützen muß, oder ist das Klima mild und freundlich? Wo liegen Störungsquellen, wie erleichtern wir den offenen Kontakt und fördern unsere Beziehung?

Grundlagen positiver Kommunikation

Als ich vor kurzem im vollen Wartezimmer unseres Hausarztes saß, konnte ich folgende kleine Szene beobachten. Eine Mutter mit zwei Kindern betrat die Arztpraxis. Die große Tochter im

---

[7] Die Beispiele dieses Kapitels sind aus Eltern-Kind-Gesprächen entnommen. Vieles davon läßt sich natürlich auch auf Beziehungen zwischen Erwachsenen anwenden.

Schulalter blieb neben der Mutter an der Anmeldung stehen, das kleine Mädchen, etwa fünf Jahre alt, ging ins Wartezimmer hinüber und begann gleich, mit den Spielsachen zu spielen. Sie baute eine Holzeisenbahn auf. Die Mutter bekam von der Sprechstundenhilfe den Rat, vor der Behandlung doch noch einmal fortzugehen, um etwas zu erledigen, statt hier mit den beiden Mädchen lange zu warten, bis sie endlich an der Reihe wären. Als sich die Mutter dann nach ihrer kleinen Tochter umschaute, sah sie diese ganz in ihr Spiel vertieft dasitzen. Sie ging hin zu ihr und fragte: „Lisa, spielst du schön?" Als das Mädchen aufsah und bestätigend nickte, sprach die Mutter weiter: „Du, ich möchte jetzt noch einmal weggehen, weil hier schon so viele Leute warten. Du kannst nachher dann weiterspielen, wenn wir wiederkommen." Das Mädchen überlegte kurz, stand dann auf und verließ mit Mutter und Schwester die Praxis.

Was ist so Besonderes an dieser kurzen Begebenheit? Die Reaktion der Mutter ist eher ungewöhnlich, denn die gleiche Szene könnte sich auch so abgespielt haben: Nachdem die Mutter den Rat bekommt, noch einmal fortzugehen, geht sie zu ihrer Tochter, nimmt sie beim Arm und zieht sie hoch zum Stehen. Dabei sagt sie, „Komm, wir gehen." In diesem Fall würde das Mädchen wohl protestieren „Nein, ich will hierbleiben. Ich spiele gerade so schön", und die Mutter steht am Anfang einer Diskussion, die je nach Temperament und Laune des Kindes und der Mutter unterschiedlich intensiv ausfallen kann. In jedem Fall kostet es im zweiten Beispiel mehr Energie, die Situation zu lösen.

Besonders positiv am ersten Beispiel fällt auf, daß die Mutter ihr Kind erst einmal ruhig anspricht und darauf eingeht, womit sich das Mädchen gerade beschäftigt. Die Frage „Spielst du schön?" ist für das Kind ein „Gesehen-Werden", eine Würdigung dessen, was das Mädchen gerade macht. Die Mutter läßt eine kurze Pause, bevor sie weiterspricht, damit sich das Kind orientieren und vom Spiel zum Kontakt finden kann. Mit ruhiger Stimme sagt die Mutter dann, daß sie noch einmal weggehen möchte und begründet das. Gleichzeitig stellt sie dem

Kind in Aussicht, daß es später dann weiterspielen kann. Das Mädchen fühlt sich gesehen, ernstgenommen und geht deshalb gerne mit der Mutter mit. – Ganz anders spielt sich die Szene ab, wenn das Kind ohne Vorwarnung unterbrochen und von der Mutter hochgezogen wird: dann protestiert es natürlich gegen diese Behandlung. Dann findet ein „Durchgreifen" der Mutter mit entsprechender Gegenreaktion statt – kein Eingehen auf die momentane Situation des Mädchens mit angemessener Kontaktaufnahme.

Um Grundlegendes für die gute Kommunikation zwischen Eltern und Kindern aufzuzeigen, brauchen wir also nicht immer dramatische Streitereien zitieren. Manchmal genügen kleine Beipiele aus dem Alltag, die viele von uns aus eigener Erfahrung kennen. Wenn wir einmal schauen, was genau denn die Mutter der beiden kleinen Mädchen während dieser kurzen Episode gemacht hat, fallen drei Dinge auf:

– Die Mutter spricht das Kind auf die Tätigkeit an, in die es gerade vertieft ist. Sie holt es sozusagen dort ab, wo das Kind gerade steht. („Spielst du schön?") – Gleichzeitig zeigt sie ihrer Tochter, daß sie ihr Spiel ernst nimmt.

– Die Mutter läßt dem Mädchen Zeit, sich zu re-orientieren: vom versunkenen Spiel zum direkten Kontakt im Gespräch.

– Die Mutter teilt dem Mädchen ihren Wunsch mit („Ich möchte noch einmal weggehen") und stellt ihm gleichzeitig in Aussicht, daß es später weiterspielen kann.

Ganz anders in der zweiten Version, wo die Mutter hingeht, das Kind am Arm nimmt und hochzieht. Hier ist nichts zu merken von „Abholen", Ernstnehmen, Zeit lassen – vielmehr wird das Kind unerwartet unterbrochen.

„Wenn ich dabei an so viele Dinge denken muß, dann laß' ich es lieber gleich", könnten Sie jetzt einwenden. Wir haben uns die Szene sozusagen unter dem Mikroskop betrachtet. In der Realität dauerte die Episode nicht länger als zwei Minuten. Und sicher hat die Mutter aus unserem Beispiel „automatisch", das heißt unbewußt reagiert, ohne lange vorher zu überlegen. Genau das ist der springende Punkt: Wenn die Kommunikation bereits unbewußt so hervorragend klappt, ist es in der Tat unnötig, sich darüber zusätzliche Gedanken zu machen. Wenn Erwachsene und Kinder sich verstehen, gegenseitig respektieren und gelten lassen, dann gibt es keinen Handlungsbedarf, denn alle Beteiligten sind zufrieden.

Doch die Fähigkeit, auf unsere Kinder so einfühlsam einzugehen, haben wir beileibe nicht immer aktuell zur Verfügung. Oft reagieren wir gereizt, ungeduldig, unüberlegt – und genau für diese Situationen lohnt es sich, bewußt einmal darauf zu achten, was wir in vielen anderen Fällen bereits automatisch tun, damit unsere Verständigung klappt. Der erste Schritt ist es, daß wir erkennen, was es denn genau ist, das wir selbst zur gegenseitigen Verständigung beitragen. Im zweiten Schritt können wir unser Wissen dann nutzen, indem wir genau das in schwierigen Situationen bewußt tun, was wir in vielen anderen Fällen schon ganz von selbst machen: unser Kind dort „abholen", wo es gerade steht, ernst nehmen und uns auf das Tempo des Kindes einstellen.

Eine wesentliche Grundlage guter Kommunikation besteht darin, daß wir akzeptieren, daß unser Kind sein bzw. ihr ganz persönliches Bild der Welt hat. Vielleicht sind darin ganz andere Dinge wichtig und stehen im Vordergrund als in unserer eigenen Vorstellung. Um wirklich in Kontakt mit Kindern zu kommen, ist es notwendig, daß wir sie dort abholen, wo sie gerade stehen. Das kann im Alltag die kurze Frage sein „Spielst du schön?", statt daß wir das Kind wortlos am Arm nehmen und hochziehen.

Natürlich macht auch bei diesem „Abholen" der Ton die Musik. Wichtig ist nicht nur, *daß* wir unser Kind dort abholen, wo es gerade ist – und Kinder sind in Gedanken oft sehr weit weg ... –, sondern auch *wie* wir das tun. Wie hört sich unsere Stimme an, welche Worte wählen wir, welche Lautstärke? Dieses Eingehen auf den anderen bildet die Grundlage unserer Verständigung.

Wenn wir genau hinsehen, liegt hier schon einer der wesentlichen Gründe, warum viele Eltern-Kind-Unterhaltungen so unbefriedigend verlaufen. Besonders deutlich wird das in Familien mit „halbwüchsigen" Kindern, die in oder vor der Pubertät stehen. (Im folgenden Beispiel werden sie aus Gründen der Einfachheit dennoch als „Kind" benannt.)

Betrachten wir zunächst die Seite der Eltern: Sie wollen dem Kind ihre Meinung vermitteln, oft aus der positiven Absicht heraus, ihm Fehler und Leid zu ersparen. (Ob das grundsätzlich möglich ist oder ob jeder Mensch seine eigenen Erfahrungen machen muß, steht auf einem andern Blatt und soll hier nicht weiter diskutiert werden.) „Ich will doch nur das Beste für dich", ist die Motivation der Eltern. Im Eifer bemerken sie nicht, daß sie über das Ziel hinausschießen und schon meilenweit vom Standpunkt und der Erfahrungswelt ihres Kindes entfernt sind. Eltern haben sicher die reichere Lebenserfahrung, doch das bedeutet nicht zwangsläufig, daß sie immer Experten sind, wenn es um die Welt ihrer Kinder geht.

Je mehr sich die Eltern nun anstrengen, ihre Meinung, Sorge oder ihre Ratschläge zu vermitteln, desto mehr wird sich das Kind verschließen, denn er/sie fühlt sich in seiner/ihrer Welt überhaupt nicht verstanden. „Meine Eltern leben wohl auf dem Mond", beklagt sich mancher Jugendlicher. Und das stimmt auch – trotz aller Bemühungen unsererseits um Fortschrittlichkeit und moderne Erziehung gehen wir immer erst einmal von unserer eigenen Wahrnehmung der Welt aus. Die Welt unserer Kinder ist eine andere!

Bedeutet das, daß Kommunikation zwischen Eltern und Kindern zwangsläufig zum Scheitern verurteilt ist? Das heißt es sicher nicht, und wir alle haben schon viele Momente der gegenseitigen Verständigung erlebt, die zu tiefem Verständnis der Welt des Kindes führt. Genau das ist das Schlüsselwort: Verständnis für die Welt des anderen. Sobald wir als Eltern akzeptieren, daß unsere Kinder ihre eigene Wahrnehmung der Welt haben, ist der erste Schritt auf der Brücke der Verständigung getan. Wie fest und stabil diese Brücke wird, dafür können wir selbst einiges tun. Um solche konkreten Ansatzpunkte zur besseren Verständigung wird es in den nächsten Abschnitten gehen.

Zuhören als Schlüssel zur Welt des Kindes

Zu einem Gespräch gehören mindestens zwei: einer, der redet und einer, der zuhört. Ein gutes Gespräch, das für beide befriedigend ist, wird es dann, wenn die Anteile von Reden und Zuhören ausgewogen sind. Elterliche Vorträge sind oft einseitige Monologe, keine Gespräche. Diese Monologe sind häufig geprägt von dem Gedanken, ein unangenehmes Thema möglichst schnell abzuhaken. Wer das „Gespräch" in dieser Weise rasch hinter sich bringen will, der wird auf Reaktionen seines Gegenübers wenig oder gar nicht achten, denn sie würden ja das Ganze unnötig in die Länge ziehen. „Augen zu und durch" ist die Devise.

Kinder reagieren in der Regel so, daß sie bei einem Vortrag auf Durchzug schalten. „Ich rede wieder mal gegen die Wand – du hörst mir ja gar nicht zu!" beschweren sich dann die Erwachsenen. Statt sich über die mangelnde Aufmerksamkeit der Kinder zu beklagen, kann es durchaus hilfreich sein, sich auch einmal an deren Stelle zu versetzen und sich den eigenen Vortrag sozusagen von außen anzuhören. Wie reden wir mit eigentlich unseren Kindern? In welchem Ton sprechen wir mit ihnen: befehlend, ungeduldig, genervt, leidend oder sachlich, freundlich, klar? Wieviel reden wir – wann hören wir den Kindern zu? Hören wir ihnen aufmerksam zu, oder warten wir nur darauf, ihnen unsere Meinung sagen zu können?

„Zuhören" kann ganz verschiedene Qualitäten besitzen. Ich kann interessiert zuhören oder gelangweilt, aufmerksam oder passiv, offen oder voreingenommen, freundlich oder mürrisch … Je nachdem, mit welcher inneren (und äußeren) Haltung ich zuhöre, werde ich ganz unterschiedliche Reaktionen meines Gesprächspartners erhalten. Wenn Sie wieder einmal das Gefühl haben, bei Ihrem Kind gegen eine Wand zu reden, schalten Sie einmal bewußt auf „Zuhören" um. Statt selbst weiterzureden, machen Sie eine kurze Pause und fragen Sie Ihr Kind, wie es ihm selbst eigentlich geht. Je nach dem Alter des Kindes können Sie das auf ganz verschiedene Weise tun. Bei einem kleinen Kind reicht vielleicht ein kurzer Satz wie „Ich glaube, jetzt bist du aber ganz schön wütend / durcheinander / traurig …", bei dem Sie es in den Arm nehmen. Größere Kinder können eine Menge erzählen, wenn sie die Gelegenheit dazu bekommen und einen aufmerksamen Zuhörer haben.

Carl Rogers, der Begründer der Gesprächspsychotherapie, war ein ganz besonderer Zuhörer. Was hat ihn dazu gemacht? Zunächst einmal hörte er seinem Gesprächspartner wirklich aufmerksam zu. Er wollte die „Welt" seines Partners wirklich kennenlernen, wollte wissen, wie es ihm darin geht, was er denkt und fühlt. Dann machte er einen zweiten, ganz wesentlichen Schritt. Nachdem er in dieser Weise zugehört hatte, verließ er sich nicht allein auf seine Interpretation des Gehörten, sondern prüfte, ob er seinen Partner auch wirklich verstanden hatte. Diese Methode ist mittlerweile als „aktives Zuhören" allgemein bekannt.

Was bedeutet aktives Zuhören? Zunächst signalisiere ich meinem Partner, daß ich Interesse an einem Gespräch habe. Das kann bedeuten, daß ich mich zu ihm setze, mich ihm zuwende und ihn anschaue. Dann höre ich mir die Meinung meines Partners an. Schließlich formuliere ich diesen Inhalt noch einmal in meinen eigenen Worten. Ich übersetze also das Gesagte in mein Modell der Welt. Nun kann der Partner zustimmen – ja, genauso habe ich es gemeint – oder mich korrigieren. In beiden Fällen fühlt er sich ernst genommen, und das Gespräch geht voran. Für den Gesprächspartner kann dieser Spiegel, der ihm so geboten wird, gleichzeitig eine Hilfe sein, sich selbst klarer zu finden. Dies gilt gerade für Kinder, die in der Regel noch nicht so geübt sind, wichtige Inhalte sprachlich angemessen auszudrücken.

Betrachten wir das an einem Beispiel: „Mama, ich gehe nicht mehr in den Kindergarten – nie mehr!" Die Mutter könnte nun anfangen, mit ihrem Kind zu argumentieren und Gründe dafür bringen, warum das Kind aber doch dorthin gehen soll. Sie könnte auch zunächst einmal einen Rahmen für ein Gespräch schaffen und einfach zuhören.

„Darüber möchte ich gerne mal mit dir reden. Setz dich doch mal zu mir. – Du willst da also nicht mehr hingehen. Wie kommt das? Erzähl mal."

„Ich gehe da nicht mehr hin. Die sind alle ganz blöd."

„Du hast dich geärgert über die – über wen denn besonders?" „Der Florian hat gesagt, mit mir spielt er nicht mehr. Und die Erzieherin hat mich auch geärgert", … und schon sind Sie mitten in einem Gespräch, das Ihnen die Welt Ihres Kindes verständlich machen kann. Wenn Sie jetzt aufmerksam zuhören, bekommen Sie Einblicke, die Ihnen mit Sicherheit versagt bleiben, wenn Sie statt zuzuhören einen Vortrag über den Pflichtbesuch des Kindergartens halten oder die Schwierigkeiten Ihres Kindes abwiegeln mit falsch verstandenem Trost.

Sie erleichtern Ihrem Kind den Anfang eines Gespräches, wenn Sie behutsam nachfragen. Zuhörer brauchen Geduld! Aktives Zuhören bedeutet nicht „für den anderen reden". Nehmen Sie Ihrem Kind das Wort nicht aus dem Mund, indem Sie seine Sätze selbst vollenden, wenn es ins Stocken kommt. Wenn Sie ihm Zeit geben, kommen die Worte schließlich wie von selbst.

Zuhören verlangt übrigens auch von uns selbst etwas: daß wir Eltern die Schwierigkeiten und Probleme unserer Kinder aushalten können. Selbst wenn uns das Zuhören weh tut, weil wir doch so viele Lösungsmöglichkeiten für ihre Probleme sehen würden. Doch mit vorschnellen Vorschlägen und „Trösterchen" tun wir den Kindern keinen Gefallen. Wir erleichtern ihnen zwar kurzfristig die Situation, doch bei der nächsten Schwierigkeit stehen sie wieder ratlos davor. Aufrichtiges Zuhören und Unterstützung dabei, daß die Kinder selbst ihre eigene Lösung des Problems finden, ist dagegen eine Hilfe, die sich wirklich lohnt.

Natürlich gibt es eine Menge Gründe, warum man als Erwachsener im Alltag nicht immer soviel Zeit und Geduld aufbringen kann. Da ist vielleicht ein kleineres Geschwisterkind, das selbst Aufmerksamkeit möchte und wirksam jedes ernsthafte Gespräch mit dem größeren Kind verhindert. Oder man selbst ist müde, unter Druck oder einfach ungeduldig. Gründe, warum man den Kindern *nicht* zuhören kann, gibt es sicher jede Menge. Statt diese Hindernisse aufzuzählen, können wir auch einmal schauen, wann sich denn Gelegenheiten des Zuhörens ergeben. Solche Gespräche müssen gar nicht lange dauern. Manche Kinder werden abends gesprächig, wenn Mutter oder Vater noch auf der Bettkante sitzen zum Gute-Nacht-Sagen. Andere kommen tagsüber zwischendurch kurz zum Kuscheln und fangen an zu reden, wenn sie dazu ermutigt werden. Nutzen Sie solche alltäglichen Gelegenheiten, wenn Ihr Kind sich öffnet und erzählt. Hören Sie ihm zu – vielleicht erfahren Sie bei solchen Gelegenheiten etwas, das Ihnen das Verständnis für Ihr Kind auf einer anderen, tieferen Ebene ermöglicht.

Noch einmal zurück zu Carl Rogers. Zu seinem „guten Zuhören" gehören drei zentrale Aspekte. Zwei davon kennen wir bis jetzt: zunächst aufmerksam Zuhören, um die Welt des anderen zu verstehen; dann das Ganze in meiner Sprache noch einmal formulieren, um zu prüfen, ob ich den anderen richtig verstanden habe und ob er/sie sich auch verstanden fühlt. Doch wie kann man so aufmerksam zuhören? Bedeutet das, daß man seine eigenen Gefühle in dieser Zeit ausschalten muß, um die des anderen wirklich zu verstehen? Genau das bedeutet es nicht. Carl Rogers ist es zu verdanken, daß die persönliche Beziehung ihren Stellenwert in der zwischenmenschlichen Kommunikation bekam. Wirklich aufmerksam zuhören kann nur der, der seine Aufmerksamkeit ganz auf den anderen richtet. Wer vorwiegend mit sich selbst beschäftigt ist, mit eigenen Problemen, Gedanken und Bewertungen, der wird kein aufmerksamer Zuhörer sein. Andererseits kann man diese inneren Vorgänge ja nicht einfach beliebig abschalten. Rogers wählte hier einen anderen Weg, der für einen Therapeuten zu seiner Zeit sehr ungewöhnlich war: Er teilte seinem Partner mit, was innerlich bei ihm selbst ablief. Er zeigte seine eigenen Gefühle und Reaktionen. „Mich berührt, was du mir erzählst. Es läßt mich nicht kalt", könnte man diese Haltung übersetzen. Genau darauf kommt es an. Aktiv zuhören und umformulieren kann man üben, doch ohne diese Haltung von innerer Beteiligung bleibt es ein technischer Kunstgriff, mit dem wir unseren Gesprächspartner nicht erreichen – unsere Kinder schon gar nicht. Kinder sind sehr sensibel für die Ehrlichkeit, mit der wir ihnen gegenübertreten. Sie reagieren unmittelbar darauf.

Soweit zur inneren Haltung des Zuhörers. Wenn wir in dieser Weise aufmerksam zugehört haben, kommt der Zeitpunkt, wo es an uns ist, etwas zu sagen – denn sonst wäre es ja kein Gespräch, sondern wieder ein Monolog.

Ich-Botschaften: Ich zeige dir meine Welt

Was können wir als Erwachsene tun, damit wir bei unseren Kindern nicht gegen die Wand reden? Einige konkrete Ansatzpunkte haben wir bereits gefunden. „Das Kind dort abholen, wo es steht" hieß der eine, „die Welt des Kindes mit seinen Augen sehen" ein anderer, „meine eigene Reaktion und meine Gefühle zeigen" der dritte. Was bedeutet das nun in der Praxis?

Das Buch „Die Familienkonferenz" von Thomas Gordon ist vielen Eltern, Erziehern und Lehrern ein Begriff. Gordon beschreibt darin sehr detailliert einen partnerschaftlichen Ansatz für das Familienleben. Einige zentrale Punkte möchte ich hier zusammenfassen – für Einzelheiten und weiterführende Inhalte sei auf seine Bücher verwiesen[8].

Gordons Schlüssel zur gegenseitigen Verständigung sind „Ich-Botschaften". Das sind nicht-urteilende, neutrale Äußerungen, mit denen der Erwachsene dem Kind mitteilt, wie er die Situation erlebt. Ich-Botschaften sind also eine Möglichkeit, das eigene Bild der Welt für den anderen transparent zu machen. So lassen wir unseren Gesprächspartner an unserer Welt teilhaben.

Gordon unterscheidet konfrontative und präventive Ich-Botschaften.

Formen der Ich-Botschaften (nach Gordon)

– konfrontative Ich-Botschaften
Der Erwachsene teilt dem Kind seine eigene Reaktion mit, die er erlebt, wenn sich das Kind auf eine bestimmte Weise verhält. „Ich kann mich nicht mit eurer Mutter unterhalten, wenn ihr so laut schreit." „Ich werde zu spät zum Arzt kommen, wenn wir jetzt nicht gleich fahren können." „Ich habe eben den Teppich gesaugt. Ich ärgere mich, wenn du ihn gleich wieder vollkrümelst."

– präventive Ich-Botschaften
Hier geht es darum, daß der Erwachsene dem Kind seine Bedürfnisse mitteilt und es um seine Kooperation bittet. „Ich will heute noch mit dir einkaufen gehen und möchte gern mit dir besprechen, wann wir das am besten machen." „Wenn ich telefoniere, ist mir wichtig, daß ich in Ruhe sprechen kann. Ich möchte gern schauen, wie wir dieses Problem lösen können." Kinder lernen so, daß ihre Eltern auch nur Menschen sind, die eigene Bedürfnisse haben. Sie sind eher zur Kooperation bereit, wenn sie aktiv einbezogen werden.

---

[8] zum Beispiel: Die Familienkonferenz, 1972, Familienkonferenz in der Praxis, 1978 und Die neue Familienkonferenz, 1993

Was ist der Unterschied zwischen Ich- und Du-Botschaften in der Auswirkung auf den Gesprächspartner? Durch die Formulierung als Ich-Botschaft übernimmt der Erwachsene die Verantwortung für seine Gefühle. „Ich ärgere mich!" Er zeigt seinen Ärger und macht *nicht* das Kind dafür verantwortlich. Mit Du-Äußerungen wie „Du machst mich noch wahnsinnig!" würde er dagegen die Verantwortung für seine eigenen Gefühle an das Kind abgeben. Kinder können vieles, doch wenn wir ihnen die Verantwortung und damit auch die Kontrolle über unsere Gefühle zuschieben wollen, sind wir gewaltig auf dem Holzweg. Ob wir wütend werden oder nicht, liegt in unserer Entscheidung. Es mag durchaus sein, daß diese Entscheidung nicht bewußt getroffen wird, sondern von vielen unbewußten Faktoren beeinflußt wird – zum Beispiel Erinnerungen an vergangene Situationen mit den dazugehörigen Gefühlen –, doch es ist und bleibt unsere eigene Entscheidung, nicht die eines anderen. Wenn wir diese Eigenverantwortung für unsere Gefühle und unser Handeln annehmen, werden wir wirklich erwachsen. Viele Erwachsene halten sich dafür, wollen aber immer noch die Verantwortung abgeben wie ein Kind, das seine Mutter anschreit: „Du bist selber schuld, daß ich so eiskalte Hände habe! Warum hast du mir auch keine Handschuhe angezogen?!"

Ziel einer Ich-Botschaft ist es, dem anderen die eigenen Gefühle offen und sachlich zu zeigen. „Offen zeigen" bedeutet, daß wir uns dadurch auch ein Stück verletzlicher machen, denn wir legen unsere Maske ab. Wir stellen uns auf eine Stufe mit dem anderen und steigen von unserem Podest des Besserwissens herunter. Gerade für Eltern ist das zunächst ungewohnt. Wie werden die Kinder darauf reagieren? Kinder sind sehr feinfühlig, wenn es darum geht, ob etwas ehrlich gemeint ist. Sie lassen sich nichts vormachen und reagieren auf Unehrlichkeit schnell mit Konfrontation. Die Erfahrung zeigt, daß sie durchaus erleichtert reagieren, wenn sie erleben, daß ihre Eltern ihnen auch einmal ehrlich ihre Gefühle zeigen. Wenn wir meinen, unsere Kinder hier schonen zu müssen, enthalten wir ihnen etwas ganz Entscheidendes vor. Damit sich Kinder in ihrer

Welt zurechtfinden, brauchen sie Reaktionen auf ihre Handlungen. „Wenn ich mich so verhalte, wird der andere böse / traurig / ärgerlich …", würde das übersetzt in die Sprache Erwachsener heißen. Dadurch finden Kinder Orientierungspunkte. Auch hier geht es nicht darum, Verantwortung abzugeben, denn die Entscheidung, wie es sich verhalten wird, liegt nach wie vor beim Kind. Wir nehmen ihm die Entscheidung durch eine Ich-Botschaft nicht ab. Abnehmen könnten wir sie ihm höchstens durch massive „Erziehungsmaßnahmen", Verbote, Strafen – und Sie selbst werden aus Ihrer Erfahrung wissen, daß sich Kinder auch davon oft nicht so beeindrucken lassen, wie wir uns das vorgestellt haben.

Durch Ich-Botschaften zeigen wir unsere eigenen Gefühle. Wenn wir hemmungslos herumschreien, ist das eben keine Ich-Botschaft, sondern ein Abreagieren eigener Gefühle auf Kosten des Kindes. Daß es wichtig ist, eigene Gefühle auch einmal herauszulassen wie den Überdruck aus einem Dampfkessel, haben wir im Kapitel der „guten Absichten" bereits gesehen. Doch dieses Herauslassen darf nicht auf Kosten Schwächerer geschehen. Kinder wären in diesem Fall im Familiengefüge die Schwächeren, die wir mit einem unkontrollierten Gefühlsausbruch überfordern und verstören würden. Hier geht es um ein Gleichgewicht aus dem ehrlichen Zeigen eigener Gefühle und dem Bewußtsein dessen, in welcher Form das Kind dies aufnehmen, verstehen und verarbeiten kann. Kinder können mit ehrlichen Emotionen umgehen und nehmen davon gewiß keinen Schaden. Im Gegenteil, sie lernen daraus, daß es erlaubt ist, Gefühle zu zeigen, und daß es manches Problem entschärfen kann, wenn der „Dampf" abgelassen werden darf. Danach kann man sich nämlich um sachliche Lösungen kümmern.

Die Ich-Botschaft kann durchaus einen Appell an die Verantwortung des Kindes enthalten, sein Verhalten zu ändern – aber ohne die negativen Urteile, die Du-Botschaften begleiten. („Jetzt hast du dich schon wieder überall vollgekleckert – kannst du denn nicht einmal anständig essen? Du lernst es ja nie!") Die Ich-Botschaft greift das Kind nicht an. „Ich ärgere mich, weil ich jetzt deinen Pullover wieder waschen muß." Hier ist klar, daß sich der Erwachsene über die zusätzliche Arbeit ärgert und deshalb aber nicht gleich das Kind pauschal abwertet. („Du lernst es nie!") Der Erwachsene läßt dem Kind die Freiheit, selbst sein Verhalten zu ändern und eine neue Lösung zu finden. Gordon betont, daß wir hier die Fähigkeiten unserer Kinder generell unterschätzen. Kinder sind wesentlich kreativer als wir, und deshalb finden sie einfacher und häufiger Alternativlösungen als wir es könnten – vorausgesetzt, wir geben ihnen die Möglichkeit dazu.

Beziehung und Erziehung – wie verträgt sich das?

Die neuere Forschung auf dem Gebiet der Psychotherapie hat ein erstaunliches Ergebnis gebracht. Bei der Frage, welche Methode der Therapie denn nun die wirksamste sei, zeigte sich, daß Methoden gar nicht die entscheidenden Faktoren darstellen. Viel wichtiger war die Qualität der therapeutischen Beziehung. Übersetzt heißt das, wenn sich ein Patient von seinem Therapeuten verstanden fühlt, wird er wahrscheinlich in dieser Therapie größere Fortschritte machen als bei einem Therapeuten, mit dem er sich menschlich nicht wohlfühlt. Die Frage ist also nicht allein, welche Therapiemethode denn nun die beste sei. Der entscheidende Einfluß geht von der Beziehung aus. Stimmt die Beziehung, fällt die Wahl der richtigen Methode ins Gewicht beim Erfolg der Therapie. Fühlt sich der Patient dagegen bei seinem Therapeuten nicht wohl, hilft die beste Methode nichts – und der Erfolg wird eher bescheiden bleiben.

Was hat das mit Eltern und Kindern zu tun? Sollen Eltern zu Therapeuten ihrer Kinder werden? Diese Tendenz ist in unserer Gesellschaft durchaus erkennbar, und viele Eltern greifen bei Problemen ihrer Kinder schnell zu Mittelchen, Tabletten und anderen „Hilfen". Schulangst, Lernprobleme, Schlafstörungen und vieles mehr soll auf diese Weise bekämpft werden. Damit bleibt das Kind der Symptomträger, der Behandlung braucht, und die Eltern die Helfer, die mit dem Problem selbst nichts zu tun haben – außer daß sie es kurieren wollen. Letztlich wird das Kind trotz aller Hilfe alleingelassen, denn die Eltern bleiben die Helfer, die von außen eingreifen.

Was ändert sich, wenn wir von dieser überlegenen Position herunterkommen auf die Ebene des Kindes? Wenn wir seine Welt wahr-nehmen, seine Bedürfnisse, Absichten, Ziele und auch die Hindernisse auf dem Weg? Dazu ist mehr nötig als Ratschläge, Rezepte und Mittelchen. Indem wir uns so für unser Kind öffnen, machen wir uns selbst verletzlich, denn wir sind nicht mehr auf einer außenstehenden, sicheren, wissenden Position. Durch aktives Zuhören finden wir zu einer offenen Verständigung, in der die Eltern nicht „die Weisheit gepachtet haben", sondern auch bereit sind, von ihren Kindern zu lernen. Ich-Botschaften sind konkrete Hilfen im Alltag. Sie werden ihre Wirkung jedoch nur dann entfalten können, wenn sie in einer Atmosphäre gegenseitiger Wertschätzung und Achtung gegeben werden. Offene Kommunikation setzt gegenseitige Achtung voraus. Achtung bedeutet, daß wir respektieren, daß jeder die Welt auf seine eigene Weise wahrnimmt, versteht und bewertet. Diese Wahrnehmungen sind weder richtig noch falsch, sondern einfach unterschiedlich. Die Unterschiede sind keine Bedrohung für unsere elterliche Autorität, sondern eine Bereicherung unserer eigenen Wahrnehmung. So können wir gemeinsam mit unseren Kindern wachsen.

Praxis-Tips

☺ **Bewußt zuhören**

Im Alltag mit Kindern finden sich immer wieder ruhigere Momente, die wir für ein Gespräch nutzen können. Probieren Sie es einmal aus, und hören Sie Ihrem Kind ein- oder zweimal am Tag bewußt zu. Wenn Sie das eine Woche lang getan haben, ziehen Sie Bilanz: Wie hat Ihnen das Zuhören gefallen? Was haben Sie von Ihrem Kind erfahren? Hat sich etwas in Ihrer Beziehung dadurch verändert?

☺ **Ich-Botschaften**

Hören Sie sich selbst öfter einmal beim Reden zu. Wie ist das Gleichgewicht zwischen Ich-Botschaften und Anweisungen, Forderungen und anderen „Du-Botschaften"? Formulieren Sie Ihren Standpunkt immer öfter in Form von Ich-Botschaften, besonders in schwierigen Situationen. Es kann hilfreich sein, die eigenen typischen und häufigen „Du-Formulierungen" in einer stillen Minute oder mit einem Partner gemeinsam in Ich-Botschaften zu „übersetzen". Nach dieser Vorbereitung wird es Ihnen leichter fallen, auch in der schwierigen Situation selbst Ihren Standpunkt als Ich-Botschaft zu vermitteln. Einmal ist keinmal – doch was ändert sich an der Situation, wenn Sie häufiger in dieser Weise miteinander reden? Wie ändert sich die Reaktion Ihres Kindes?

☺ **Familienkonferenz**

Eine sogenannte Familienkonferenz bietet einen festen Rahmen zum gemeinsamen Gespräch. Dabei können auch aktuelle Schwierigkeiten der Familie auf den Tisch kommen.

Das Vorgehen ist denkbar einfach: Die Familie setzt sich zusammen an einen Tisch. *Nacheinander* hat jeder Gelegenheit zu reden – entweder zu einem Thema (Beispiel Urlaubsplanung, Besprechung von aktuellen Problemen) oder einfach, um zu schildern, wie es ihm gerade geht. Alle anderen hören erst einmal zu, ohne zu unterbrechen. Wer dann dazu etwas sagen möchte, meldet sich zu Wort. Nun hören ihm die anderen zu. Die feste Regel „Einer redet, die anderen hören zu" nimmt dem Gespräch viel von der Spannung, die entsteht, wenn durcheinandergeredet wird, jemand nicht zu Wort kommt oder ein Vielredner die Runde dominiert.

Wenn man ein sichtbares Zeichen für denjenigen findet, der gerade an der Reihe ist, um zu reden, erleichtert das die Runde. In unserer Familie hatten wir zum Beispiel ein „Redemännchen", eine kleine Micky-Maus-Figur, die weitergegeben wurde. Reihum ist dann jeder einmal an der Reihe und darf seinen Beitrag einbringen. Das können übrigens auch schon kleine Kinder – eben in ihrer eigenen Form. Wir haben die Erfahrung gemacht, daß gerade kleinere Kinder diese Runden sehr schnell liebgewinnen und sich auch immer öfter selbst zu Wort melden.

Solche Familienkonferenzen können zur festen Einrichtung werden, die dazu beiträgt, Entscheidungen gemeinsam zu treffen, Schwierigkeiten zu lösen und die Gemeinsamkeit in der Familie zu stärken.

Kapitel 6

Stressbewältigung im Alltag

Fragt man Eltern, wie es ihnen geht, lautet die Antwort häufig „Ganz gut – aber ich bin fürchterlich im Stress." Stress ist ein vielbenutztes Schlagwort unserer Zeit geworden – was verbirgt sich dahinter? Sind wir dem Stress hilflos ausgeliefert, oder gibt es Möglichkeiten, wie wir aktiv mit Stress-Situationen umgehen können? Ist Stress eigentlich immer negativ?

Was ist Stress?

Stress ist ein Verteidigungsmechanismus, der sich aus der menschlichen Entwicklungsgeschichte erklären läßt. Natürlich sind wir inzwischen keine Steinzeitmenschen mehr, doch unser Körper funktioniert immer noch nach Mustern, die aus dieser Entwicklungsperiode stammen. Für den Steinzeitmenschen war Stress notwendig zum Überleben. Stress ist ein körperlicher Verteidigungsmechanismus, der innerhalb kürzester Zeit im Körper Energie-Reserven bereitstellt: dann sind wir bereit, auf eine Gefahr zu reagieren. Der Steinzeitmensch, der ein Jäger und Sammler war, hatte zwei Reaktionsmöglichkeiten: entweder Kampf oder Flucht. In beiden Fällen werden Energien für Muskelleistungen benötigt. Diese Reaktion „Gefahr führt zur Bereitstellung von Energie für Kampf oder Flucht" läuft instinktiv und automatisch ab. Langes Nachdenken wäre schon damals Zeitverschwendung gewesen. Noch heute reagiert unser Körper auf Stressreize so, als müßten wir unser Leben retten, indem wir entweder kämpfen oder davonlaufen. Stress ist eine Überlebensfunktion, die uns kurzzeitig Höchstleistungen erbringen läßt. Alle körperlichen Veränderungen der Stress-Reaktion dienen diesem Zweck.

In der Steinzeit waren Kampf oder Flucht angemessene und bewährte Reaktionsweisen. Unsere heutige Lebenssituation unterscheidet sich allerdings drastisch von der eines Steinzeitmenschen. Kampf oder Flucht sind uns oft nicht möglich oder wären eine wenig erfolgversprechende Methode. Als Eltern können wir unsere Kinder in Konfliktsituationen weder angreifen noch vor ihnen davonlaufen. Dennoch reagiert unser Körper noch so wie der unserer Urahnen. Sie konnten die aufgebaute körperliche Spannung allerdings abreagieren (durch Kampf oder Flucht). Uns bleibt die Spannung erhalten, wenn wir keine derartige Möglichkeit zur Abreaktion haben und in der Situation bleiben. Genau das erleben wir dann als Stress.

Stress läßt sich auf verschiedenen Ebenen beobachten:

Körperlich bemerken wir schnellen Puls, Herzklopfen, Muskelanspannung, flache Atmung, Schwitzen, Zittern, kalte Füße und Hände und die buchstäblichen weichen Knie. Natürlich variiert die Ausprägung dieser Symptome je nach der Bedrohung durch den erlebten Stress-Auslöser. Medizinisch meßbar sind dabei übrigens zusätzlich erhöhte Adrenalin-Ausschüttung, Erhöhung der Pulsfrequenz und Umverteilung des Blutes von der Peripherie des Körpers (Hände/Füße) nach innen.

Unsere *Gefühle* bewegen sich dabei zwischen Angst/Panik, Wut/Ärger, Ohnmacht/Hilflosigkeit, Niedergeschlagenheit und innerer Unruhe.

Typische *Gedanken*, die uns dabei durch den Kopf gehen, sind Ausdruck von Denkblockaden: „Das schaffe ich nie", „Mir wird alles zuviel" oder Vorstellungen von bedrohlichen Konsequenzen: „Was werden die Leute dazu sagen?" „Wie soll das nur weitergehen?" In der Stress-Reaktion wird unsere Denkfähigkeit auf die beiden Möglichkeiten „Kampf oder Flucht" eingeschränkt. Andere Alternativen, mit der Situation umzugehen, sind dann schwer zu finden.

Selbst wenn die stressende Situation mittlerweile beendet ist, bleibt die körperliche Anspannung und Belastung noch eine Weile bestehen. Sie kennen das aus eigener Erfahrung: Es gibt diese Tage, an denen der berühmte Tropfen genügt, um bei Ihnen das Faß zum Überlaufen zu bringen. Die Summe der vorausgehenden Belastungen hat Ihre Reaktionsschwelle soweit erniedrigt, daß schon ein kleiner Auslöser genügt, damit Sie aus der Haut fahren. Damit ist zwar in der Regel eine körperliche Abreaktion erfolgt, doch die Gedanken drehen sich weiter, und Ihre Gefühle fahren Karussell: „Warum ist mir das passiert? So heftig wollte ich doch gar nicht reagieren – was ist denn nur los mit mir?"

Unter Stress ist unser Verhaltens-Repertoire eingeschränkt. Wir greifen automatisch auf alte Verhaltensweisen zurück. Das heißt nicht, daß wir die Keule aus dem Schrank holen wie unsere Vorfahren, doch wir fallen zurück in alte Verhaltensmuster, die wir aus unserer eigenen Lernerfahrung kennen. „Genau wie meine Mutter habe ich mich verhalten" oder „Ich habe geschrien wie mein Vater – obwohl ich das doch nie wollte", denken wir dann im Nachhinein. In der Situation selbst waren wir so eingeschränkt, daß wir die alten Verhaltensmuster reproduziert haben. Unsere Flexibilität war gering. Viele der Möglichkeiten, Stärken und Fähigkeiten, die wir mittlerweile als erwachsene Menschen zur Verfügung hätten, schienen uns versperrt. Doch diese Möglichkeiten, daß wir uns anders verhalten können, sind deshalb nicht ausgelöscht. Das Potential in uns ist da – wir müssen es nur freilegen. Im zweiten Kapitel haben wir uns damit bereits ausfürlich beschäftigt; nun können wir genau das für uns selbst nutzen.

Stress, laß' nach!

Zur Stress-Bewältigung können wir prinzipiell in zwei verschiedenen Bereichen ansetzen; einmal bei den stress-auslösenden Reizen selbst und andererseits bei unserer Reaktion.

Abbildung: Stress-Auslöser und -Reaktion					
Auslöser ⇨				Reaktion	
Reiz ⇨	Bewertung Befürchtung	⇨	physiologische Reaktion	⇨	Selbstverurteilung negative Gedanken eingeschränktes Verhalten
↗ Belastbarkeit					

1. Einfluß auf die stress-auslösenden Reize

Wenn wir unsere Stress-Situationen betrachten, können wir herausfinden, was genau die Auslöser sind, die uns gestresst reagieren lassen. Für manche Menschen ist zum Beispiel ein öffentlicher Wutanfall ihres Kindes im Supermarkt ein massiver Stressreiz, doch andere Eltern gehen mit derselben Situation gelassen um. Entscheidend ist immer, wie wir selbst die Situation bewerten. Unter Stress geraten wir immer dann, wenn wir bestimmte Reize als *bedrohlich oder gefährlich* erleben. Das sind negative Stressreize. Je weniger wir davon erleben, desto weniger geraten wir unter Stress.

Wie lassen sich diese negativen Stressoren vermeiden? Die Mutter, die es als bedrohlich und stressend erlebt, wenn ihr Kind in der Öffentlichkeit eine Szene macht, kann sich beispielsweise entscheiden, wann sie mit ihrem Kind zum Einkaufen gehen will: kurz vor Mittag, wenn das Kind vielleicht schon hungrig, müde und quengelig ist, oder zu einer Tageszeit, in der es ihrem Kind gut geht. Wenn Stress dadurch entsteht, daß man sich überfordert fühlt und meint, nicht alle Anforderungen bewältigen zu können, besteht die Möglichkeit, sich diese Anforderungen einmal bewußt zu machen und deren Dringlichkeit zu prüfen. Wenn eine Mutter etwa zu folgender Liste mit notwendigen Aktivitäten kommt: Kinder hüten, Kochen, Hausputz, kreative Beschäftigung mit den Kindern etc., kann sie sich überlegen, ob ihr das blitzblanke Haus mehr wert ist oder ein Bastelnachmittag mit ihren Kindern. Wenn sie sich zudem körperlich noch angeschlagen fühlt (ein weiterer massiver Stressor!) sollte das der Grund sein, die eigenen Ansprüche kurzzeitig noch weiter herunterzuschrauben und sich zunächst einmal möglichst gut zu erholen.

Andererseits gibt es auch positive Stressreize, nämlich Anforderungen, die wir als Ansporn erleben. Die Bewältigung solcher Herausforderungen gibt uns Bestätigung und Selbstvertrauen – und kann uns auch dabei helfen, negative Stressreize anders zu bewerten oder besser zu bewältigen. Erfolgserlebnisse erhöhen unsere Belastbarkeit.

2. Erhöhung der persönlichen Belastbarkeit

Wir reagieren nicht immer gleich auf Stressreize. Einmal gehen wir bereits bei Kleinigkeiten in die Luft, ein andermal bewältigen wir eine vergleichbare Situation ganz gelassen. Der Grund dafür ist unsere wechselnde Belastbarkeit. Je stabiler wir sind, desto weniger lassen wir uns von Stressoren aus dem Gleichgewicht bringen. Erfolgserlebnisse nach bewältigten Herausforderungen lassen unsere Belastbarkeit wachsen, denn wir trauen uns danach mehr zu.

Was tun im Stress? Hier kommt es darauf an, den Teufelskreis

> „Stressreiz ⇨ bedrohliche Bewertung ⇨ Erregung ⇨ Einschränkung des Verhaltensrepertoires"

(vgl. Abbildung) zu unterbrechen. Das kann konkret und körperlich geschehen, indem wir unsere Erregung vermindern. Um die eigene Erregung zu senken, gibt es verschiedene Möglichkeiten der Entspannung. Wer autogenes Training übt, kennt den sogenannten Entspannungsreflex, der sich sozusagen automatisch einstellt, sobald man an bestimmte Auslöser denkt. Im autogenen Training sind das die typischen Schwere- und Wärme-Empfindungen in den Gliedmaßen, die zu tiefer Entspannung führen. Vergleichbares gilt für Yoga. Die systematische Muskelentspannung arbeitet mit Gegensätzen, indem man zunächst einzelne Muskelgruppen bewußt anspannt und dann lockerläßt. Dies kann in kurzer Zeit sehr wirkungsvoll sein, wenn man beispielsweise die Schultern ganz bewußt verkrampft, nach oben zieht – und dann locker nach unten fallen läßt. Fäuste ballen, Arme anspannen und dann lockerlassen ist eine weitere Möglichkeit, die sich unauffällig auch in der Öffentlichkeit anwenden läßt. Ganz wichtig ist es, dabei einmal tief durchzuatmen. Dadurch kommt zusätzlicher Sauerstoff ins Gehirn, und den brauchen wir in Stress-Situationen nötig.

Soweit zur körperlichen Erregungsminderung. Dieser Prozeß läßt sich gedanklich unterstützen. Wenn wir wissen, daß Stress eine Folge davon ist, daß wir bestimmte Anteile einer Situation als bedrohlich oder gefährlich bewerten, besteht die Möglichkeit, daß wir unsere Bewertung einmal grundsätzlich überprüfen. Am besten geht das natürlich in einer ruhigen Minute und nicht in der Stress-Situation selbst. Fragen wir uns: „Was könnte schlimmstenfalls passieren?" Wenn wir davon ausgehen, daß es sich nicht um eine Situation handelt, in der Gefahr für Leib und Leben besteht, können wir uns fragen, was denn die bedrohlichen Aspekte an der Situation sind.

Als „Erste Hilfe" in kritischen Situationen bewährt sich die Frage nach der positiven Absicht aller Beteiligten, wie wir sie aus dem 4. Kapitel „Probleme als Chance" bereits kennen. Das setzt allerdings voraus, daß wir in der Lage sind, innerlich einen Schritt zurückzutreten und uns die Situation sozusagen von außen betrachten können. Anfangs mag das schwierig er-

scheinen. Doch dieses innere Zurücktreten können wir ein-
üben, so daß uns diese Reaktion immer öfter verfügbar wird.
Hilfreich ist es auch, sich dafür bewußt ein inneres Signal zu
geben. Zum Beispiel „STOP! Das ist wieder eine dieser Situationen, die ich eigentlich anders angehen wollte. Was ist hier
eigentlich los? Was möchte ich? Was wollen meine Kinder / andere Beteiligte?" So haben wir den automatischen Kreislauf
schon einmal durchbrochen und haben uns eine Möglichkeit
geschaffen, die Situation neu betrachten zu können. Denn:
Stress entsteht immer dann, wenn wir eine Situation als bedrohlich bewerten.

Auf lange Sicht schädigt Stress den Organismus. Zahlreiche
psychosomatische Beschwerden haben hier ihre Wurzeln, zum
Beispiel das klassische Magengeschwür, Herz-Kreislauf-Be-
schwerden oder Schlafstörungen. Damit es nicht soweit kommt,
können Sie selbst einiges tun.

Schaffen Sie sich *Erholungspausen,* die genügend lang sind,
damit sie sich körperlich und geistig regenerieren können. Eine
Ersatzbetreuung für begrenzte Zeit (ein Abend in der Woche
kann Wunder wirken) ist auch schon kleinen Kindern zuzumu-
ten und ist auch für sie besser als eine hoffnungslos gestresste
Mutter.

„Flucht oder Angriff" bedeutet in unserer Zeit, daß wir *problematische Situationen bewußt angehen und verändern.* Über
das Erkennen der guten Absichten aller Beteiligten können Sie
neue Lösungswege finden.

Eine zusätzliche Möglichkeit, durch Stress mobilisierte Energie sinnvoll abzubauen, kann die anderweitige Umsetzung sein
– im Spiel, im Sport oder bei Hobbies.

Erholung im Alltag

Um immer öfter von der automatischen Reaktionsschiene her-
unterzukommen, ist es sinnvoll, daß wir uns an unsere persönlichen Stärken und Fähigkeiten erinnern. Im Nachhinein können wir uns fragen, welche unserer Stärken und Fähigkeiten

wir in dieser bestimmten Stress-Situation brauchen könnten, um sie nicht als Bedrohung, sondern als Herausforderung zu erleben. Das weiß jeder für sich selbst am besten. Für den einen ist es die Fähigkeit zur Entspannung, für andere ist es Selbstbewußtsein, innere Stärke oder Gelassenheit und Weitblick, das es ihnen ermöglicht, die Situation aus einer anderen Perspektive zu betrachten. Natürlich ist es schwierig, in der Stress-Situation selbst darüber nachzudenken, denn dann sind wir ja schon mittendrin in der Problematik. Wesentlich sinnvoller ist es, sich in einer ruhigen Minute einmal eine dieser typischen Situationen vorzunehmen und herauszufinden, welche Ressource uns denn dort genau fehlt. Aus dieser Zuschauer-Position fällt es uns auch leichter zu erkennen, wo und wann wir denn genau diese Stärke oder Fähigkeit schon einmal erlebt haben und sie zu unserer Verfügung stand. Damit ist ein weiterer wichtiger Schritt getan. Jetzt können wir uns sozusagen einen Knoten ins Taschentuch machen, damit wir uns in künftigen Situationen leichter daran erinnern können.

Diese „Knoten im Taschentuch" können vielfältiger Natur sein. Manchmal ist das Aha-Erlebnis selbst so stark, wenn wir merken, welche unserer Fähigkeiten uns helfen kann, die Situation zu lösen, daß es nicht vieler weiterer Schritte bedarf. Bei der nächsten Gelegenheit erinnern wir uns wieder daran und haben so schon den Stress-Kreislauf durchbrochen. Nicht immer geht es so einfach. Dann können wir uns selbst *Anker* als Erinnerungshilfen schaffen. Vielleicht kennen Sie selbst auch den Effekt, daß ein Blick auf ein besonders wichtiges Urlaubsfoto genügt, um diese ganz besondere Stimmung in Ihnen wieder lebendig werden zu lassen, die Sie damals in diesem Urlaub erlebt hatten. Babyfotos unserer Kinder sind ähnlich kraftvolle Anker, denn sie können uns in Sekunden zahlreiche Erinnerungen und Gefühle zurückbringen. Natürlich müssen Anker nicht immer Bilder sein. Bestimmte Musikstücke bringen in uns etwas zum Klingen und lassen uns buchstäblich auf eine Reise zurück durch die Zeit gehen. Manchmal haben Gerüche die gleiche Kraft – besonders deutlich wird uns das jedes Jahr zu Weihnachten bei dem Duft nach Plätzchen, Kerzen und

Tannenzweigen. Die Erinnerungshilfen können also vielfältiger Natur sein. Wir sind in unserem Alltag umgeben von zahllosen solchen Ankern. Kleine Reize können so unser ganzes Erleben verändern – unsere Wahrnehmung, Gefühle, Gedanken und oft auch unsere Handlungen. Ganzheitliche Reaktionen unseres Organismus können also von sehr kleinen, isolierten Reizen ausgelöst werden. Ein banales Beispiel, das dennoch lebenswichtig ist: Immer wenn wir eine rote Ampel sehen, läuft eine innerliche STOP-Reaktion ab. Wir treten auf die Bremse und bleiben stehen – oft sogar schon bevor der Reiz bis in unser Bewußtsein gedrungen ist, und wir erkennen „Die Ampel ist rot".

Die Verbindungen zwischen Reiz und Reaktion sind unterschiedlich stark und beständig. Manche Verknüpfungen sind recht lose und ändern sich leicht. Andere dagegen sind so fest verankert, daß praktisch immer die gleiche Reaktion auf den Reiz folgt. Bei solch einer festen Verknüpfung sprechen wir von einem „Anker". Ein Anker ist also ein Reiz, der bei einer Person eine ganz bestimmte Reaktion auslöst. Diese Anker sind etwas völlig Natürliches. Jeder Mensch ist ständig von Ankern umgeben und reagiert auf sie. Genauso setzen wir immer wieder neue Anker, auf die andere Menschen dann ihrerseits reagieren.

Viele Anker sind hilfreich und positiv, andere weniger (zum Beispiel das Geräusch des Zahnarztbohrers, quietschende Bremsen oder ähnliches). Anker müssen uns auch nicht unbedingt bewußt sein, damit wir darauf reagieren. Oft wird der größte Teil von ihnen unbewußt bleiben und löst dennoch Reaktionen in uns aus.

Mit Ankern kann man sich selbst in stressigen Situationen helfen, gelassener zu bleiben. Auch ihre Kinder können Sie in ähnlicher Weise unterstützen. Sie können zum Beispiel Bilder oder Fotos, die für ihr Kind eine besondere Bedeutung haben, in seiner unmittelbaren Umgebung aufhängen. Schon ganz kleine Kinder reagieren darauf unmittelbar. In unserer Familie sind bestimmte Urlaubsfotos sehr kraftvolle Erinnerungshilfen. Für unsere Tochter hat die Musik, die sie aus einem Urlaub kennt, noch jetzt eine ganz besondere Bedeutung. Diese Musik erinnert sie immer direkt an die schöne Zeit im Urlaub, als sie abends ganz lange aufbleiben durfte und mit den Erwachsenen tanzte. Wenn sie morgens noch ganz verschlafen im Bett liegt und nicht in den Tag findet, lasse ich manchmal diese Musik spielen. Die Veränderung ist sofort zu sehen und zu hören: Sie ist plötzlich hellwach, gut gelaunt und bekommt Lust, sich zu bewegen. Auf diese Weise haben wir es schon mehrfach geschafft, noch rechtzeitig in den Kindergarten zu kommen.

Anker helfen in vielen Fällen – doch alle Probleme können auch sie nicht lösen. Bei sehr intensiven negativen Erlebnissen sind meistens andere Lösungswege notwendig, bei denen man sich Unterstützung sucht (etwa die Beratung durch einen Psychotherapeuten). Zusammenfassend läßt sich sagen: Für viele Fälle von Alltags-Stress können wir uns mit derartigen Erinnerungshilfen sehr einfach und wirksam unterstützen, um im rechten Moment Zugang zu unseren eigenen Kraftquellen zu finden.

Praxis-Übung

Diese Übung zeigt Ihnen, wie Sie einen positiven Unterstützungs-Anker finden und in Stress-Situationen nutzen können. Dies kann Ihnen im Alltags-Stress bei vielen Gelegenheiten sehr hilfreich sein, wenn Sie gerne wieder innerlich zur Ruhe kommen möchten.

Wenn Sie die Entspannungsübung alleine machen, ist es sinnvoll, sich den Text auf eine Kassette zu sprechen, die Sie sich dann anhören können. Vielleicht finden Sie auch einen „Helfer", der Ihnen den Entspannungstext vorliest?

Der Text sollte in jedem Fall langsam gelesen werden, am besten im Atemrhythmus. Die Gedankenstriche im Text stehen für kurze Pausen.

Nehmen Sie sich jetzt mindestens eine Viertelstunde Zeit. Sorgen Sie dafür, daß Sie in dieser Zeit nicht gestört werden, und suchen Sie sich eine angenehme Umgebung. Setzen Sie sich bequem hin, und nehmen Sie sich einige Minuten Zeit, um zur Ruhe zu kommen und sich zu entspannen. Gehen Sie in Gedanken durch Ihren ganzen Körper, und lassen Sie alle Spannungen los. Entspannen Sie Nacken, Schultern, Arme, Bauch und Beine. Atmen Sie einige Male tief aus.

Machen Sie es sich ganz bequem. Vielleicht erinnern Sie sich auch an eine Situation, wo Sie sich schon einmal ganz entspannt haben – und wie angenehm dieses Gefühl von Entspannung sein kann.

Dann gehen Sie mit Ihrer Aufmerksamkeit durch Ihren Körper – was Sie alles loslassen und lockern können – und beginnen Sie damit bei Ihren Füßen, die in einer angenehmen Weise auf dem Boden stehen können – und während Sie mit Ihrer Aufmerksamkeit weiter hinauf in die Beine gehen – spüren, wie Sie sich entspannen – locker werden – bis hinauf in das Becken – so darf sich auch der Bauch entspannen – Sie können auch spüren, wie sich Ihr Rücken anfühlt – und mit jedem Ausatmen ein kleines bißchen mehr loslassen – entspannen – bis in die Schultern und Arme – loslassen und lockerlassen. Während sich die Schultern weiter entspannen können, können Sie mit Ihrer Aufmerksamkeit weiter zu Ihrem Kopf – und Ihrem Gesicht gehen – und auch hier entspannen – lösen – und loslassen. Das Gesicht wird locker – weich – und auch der Mund darf sich entspannen. Und mit jedem Ausatmen kann sich dieses Gefühl von Entspannung in Ihrem ganzen Körper ausbreiten – so wie es angenehm ist.

Während Sie so Ihren Atem wahrnehmen können und die Gedanken kommen und gehen dürfen – wie eine

Welle – gehen Sie in Gedanken an einen Ort der Ruhe in der Natur – einen Ort in der Natur, an dem Sie schon Ruhe und Frieden erlebt haben.

Erinnern Sie sich, und lassen Sie all die Erinnerungen kommen, an Orte – oder einen Ort – in der Natur, wo Sie schon innere Ruhe und Frieden erlebt haben – wo Sie ganz selbstverständlich ein Teil der Natur waren.

Lassen Sie all die Erinnerungen kommen an die Orte in der Natur, wo Sie schon Ruhe und Frieden erlebt haben. Entscheiden Sie sich für einen dieser Orte – jetzt – für einen dieser Orte in der Natur, wo Sie Ruhe und Frieden erlebt haben – und dann seien Sie in Gedanken ganz da – und nehmen wahr, was alles für Sie dazugehört – was es an diesem Ort für Farben gibt – und Formen – was für ein ganz spezielles Licht – welche Pflanzen – vielleicht auch Tiere – welche Elemente da sind – welche Bewegungen – welche Töne und Geräusche – Geräusche der Natur – oder ein Lachen – oder vielleicht eine ganz bestimmte Art von Stille – oder wie man den Luftzug wahrnehmen kann – die Temperatur – wie sich der Boden anfühlt – oder vielleicht eine ganz bestimmte Berührung. Nehmen Sie wahr, was an diesem Ort für ein ganz bestimmter Geruch ist – oder ein ganz bestimmter Geschmack, der für Sie zu diesem Ort gehört.

In Gedanken ganz an diesem Ort können Sie wahrnehmen, was alles um Sie herum ist und wie Sie ganz selbstverständlich ein Teil davon sind – dazugehören.

So können Sie all die Farben und Formen wahrnehmen – die Bewegungen – das Licht – all die Töne und Geräusche – und was dieses Gefühl von Ruhe und Frieden in Ihnen noch vertiefen kann und noch angenehmer macht. Vielleicht eine Farbe – vielleicht eine Melodie – oder ein Lachen – oder ein Geräusch – oder eine Berührung – oder eine Bewegung – ein ganz bestimmter Geruch – oder Geschmack – was immer es ist – was dieses Gefühl von Ruhe und Frieden in Ihnen mehr und mehr werden läßt – was Sie darin unterstützt, davon mehr zu erleben.

Und Sie wissen, daß Sie all das mitnehmen können und sich immer wieder daran erinnern können – wann immer es für Sie hilfreich ist, dieses Gefühl von Ruhe und innerem Frieden wieder zu erleben – vielleicht in Situationen in Ihrem Alltag – mit Ihren Kindern – mit anderen Menschen, die Ihnen wichtig sind – wann immer es angemessen ist. In diesen Situationen werden Sie sich erinnern können an dieses ganz besondere Gefühl der Ruhe und des inneren Friedens.

Mit diesem Wissen und der Gewißheit, daß all das ein Teil von Ihnen ist – dieses Gefühl von Ruhe und Frieden – können Sie sich langsam von diesem besonderen Ort verabschieden – mit dem Wissen, daß Sie jederzeit hierher zurückkommen können – indem Sie einfach an ihren Ort der Ruhe denken. Schauen Sie sich noch einmal um an Ihrem Ort der Ruhe. Vielleicht gibt es hier etwas, das Ihnen helfen kann, sich immer wieder an dieses Gefühl von Ruhe und Frieden zu erinnern. – Vielleicht ist es ein Bild – oder ein Wort – oder ein Symbol – irgend etwas, das für Sie der Ausdruck dieses ganz besonderen Ortes ist – Ihre ganz persönliche Erinnerungshilfe.

Mit dem Wissen, daß Sie dieses Gefühl der Ruhe mit in Ihren Alltag nehmen können – und dort immer wieder erleben können – wann immer es hilfreich ist – verabschieden Sie sich von Ihrem Ort der Ruhe – und kommen Sie hierher zurück in diesen Raum mit Ihrer Aufmerksamkeit –

ganz hierher zurück in diesen Raum.

Spüren Sie, wie sich Ihr Körper jetzt anfühlt. Vielleicht merken Sie auch, daß Sie sich erfrischt fühlen wie nach einem erholsamen Schlaf.

Allmählich kann wieder Leben und Bewegung in Ihren Körper kommen. Atmen Sie einige Male tief durch – recken und strecken Sie sich wie eine Katze, die aus dem Schlaf erwacht. Dann öffnen Sie die Augen und schauen Sie sich um.

*Damit haben Sie sich einen persönlichen **Anker** für diesen positiven Gefühlszustand geschaffen.*

Probieren Sie ihn gleich einmal aus: Spüren Sie, wie sich das Gefühl von Ruhe und Frieden wieder in Ihnen ausbreitet, wenn Sie an Ihren Ort der Ruhe – oder an Ihre Erinnerungshilfe dafür denken!

Kapitel 7

Auch Eltern waren einmal Kinder

Was sind gute Eltern?

Eltern geraten unter Stress, wenn sie allen Anforderungen von verschiedenen Seiten gerecht werden wollen. Die Kinder sollen eine glückliche Kindheit erleben, nicht unter Schulproblemen leiden, sozial integriert und natürlich auch engagiert sein und mindestens einem musischen Hobby nachgehen. Dafür sind wiederum Eltern nötig, die selbst ausgeglichen sind, ihr Leben im Griff haben, beruflich erfolgreich sind und insgesamt eine Vorbildfunktion übernehmen können. Die Werbung ist voll von solchen glücklichen Familien, die lachend am reich gedeckten Frühstückstisch sitzen oder auch gemeinsam in unberührter Natur unterwegs sind. Unser logischer Verstand sagt uns zwar angesichts solcher Bilder, daß das Schein-Idyllen sind, die mit der Wirklichkeit im rauhen Familienalltag wenig gemeinsam haben. Doch wieviel davon steckt bereits in unseren Köpfen? Welche Ansprüche stellen wir selbst an uns, damit wir guten Gewissens sagen können, daß wir „gute Eltern" sind?

Im letzten Kapitel wurde beschrieben, daß wir unter Stress leicht zurückfallen in alte Verhaltensmuster, die wir aus unserer eigenen Geschichte kennen. „Genau wie meine Mutter habe ich mich verhalten" oder „Ich habe geschrien wie mein Vater – obwohl ich das doch nie wollte", denken wir dann im Nachhinein. Unsere eigenen Eltern sind unsere Vorbilder, denn wir haben sie jahrelang Tag für Tag beobachtet. Was wir bei ihnen gesehen haben, tragen wir als innere Bilder mit uns. Unsere Eltern sind das primäre Modell, an dem wir – wenn auch unbewußt – lernen, was es heißt, Mutter und Vater zu sein. Bedeutet das, daß wir gezwungen sind, das Verhalten unserer Eltern bis an unser Lebensende zu reproduzieren? Sind wir nur ein Produkt unserer frühkindlichen Erfahrungen? Oder verstehen wir uns als erwachsene Menschen, die mittlerweile selbst für ihr Leben und ihre Handlungen verantwortlich sind?

Wie so oft im Leben, gibt es hier kein einfaches Ja oder Nein, denn beides trifft in gewisser Weise zu. Die Erfahrungen, die wir in unserem Leben gemacht haben, prägen uns sicherlich in einer ganz bestimmten Form. Doch sie machen uns nicht zu willenlosen Marionetten unserer Geschichte. Als Erwachsene sind wir in der Lage, Verantwortung für unser Handeln zu übernehmen. „Aber ich wurde doch auch so erzogen – ich kann ja nicht anders" ist kaum mehr als eine billige Ausrede, die einem Erwachsenen schlecht zu Gesicht steht. Welche Fehler unsere Eltern auch gemacht haben mögen bei unserer Erziehung, sie haben sie wohl kaum absichtlich gemacht, um uns zu schaden. Statt ihnen diese Fehler übelzunehmen, profitieren wir viel mehr davon, wenn wir uns ihre positive Absicht bewußtmachen und daraus für uns selbst lernen. Wenn wir die gleichen Absichten in uns tragen wie unsere Eltern, können wir am positiven Beispiel unserer Eltern lernen, wie man sie verwirklichen kann, wo Hindernisse liegen und wie man damit umgehen kann. Fehler, die unsere Eltern nach unserer Meinung gemacht haben, können uns zeigen, wo wir uns selbst anders verhalten wollen und wo wir möglicherweise auch andere Ziele verfolgen. Und schließlich gibt es noch das negative Vorbild, an dem wir messen, wie wir uns selbst bestimmt nicht verhalten wollen. Viele Menschen machen übrigens die Erfahrung, daß sie wesentlich mehr Verständnis für ihre eigenen Eltern entwickeln können, sobald sie selbst Kinder haben.

Fragen wir uns also ruhig einmal, welche inneren Modelle für „gute Elternschaft" wir von unseren eigenen Eltern übernommen haben. Was ist es wert, in die nächste Generation weitergegeben zu werden? Was vom Modell unserer Eltern wollen wir selbst weiterleben?

In uns lebt das Modell weiter, das uns die eigenen Eltern gegeben haben. Die positiven Anteile davon, die wir selbst für wertvoll und bereichernd halten, können wir in unserem eigenen Eltern-Sein weiterleben lassen. Darüber muß man in den seltensten Fällen nachdenken, denn das ist ein organischer Prozeß, der über weite Strecken unbewußt abläuft.

Nun wird es in unserer Kindheit nicht nur positive Erfahrungen gegeben haben. Unabhängig davon, wie gut die Absichten unserer Eltern auch gewesen sein mögen, bleiben keinem Kind schmerzliche und negative Erfahrungen erspart. Das ist auch sinnvoll so, denn sonst müßten wir ja erst als Erwachsene mühsam lernen, mit Rückschlägen, Enttäuschungen und Schmerz umzugehen. Negative Erfahrungen aus der eigenen Kindheit sind also nicht nur schmerzhaft, sondern sie können durchaus eine Quelle des Lernens sein, die uns in unserem späteren Leben weiterbringt. Der Blickwinkel „Probleme als Chance zum Umdenken und Lernen" ist hier auch wieder sehr hilfreich.

Um persönliche Schwierigkeiten als Chance zum Lernen nutzen zu können, ist es notwendig, sich mit diesen Erfahrungen auch auseinanderzusetzen. Wer negative Erfahrungen aufarbeitet, kann sie in sein Modell der Welt integrieren und sich schließlich ein inneres positives Modell für Elternsein schaffen. Dann sind wir nicht mehr dazu verurteilt, die Fehler unserer Eltern zu wiederholen, sondern können wirklich daraus lernen.

Eine der typischen Erziehungsmaßnahmen, die in der Generation unserer Eltern weit verbreitet war, ist die körperliche Gewalt. Schläge gehörten bis vor nicht allzulanger Zeit noch durchaus zum üblichen Umgang mit Kindern. In machen Ländern ist das heute noch so – in England wird gerade wieder heftig über die Wiedereinführung der Prügelstrafe an Schulen diskutiert. Astrid Lindgren, die berühmte Kinderbuchautorin, erzählt dazu eine Geschichte, die unter die Haut geht[9]: Eine Mutter, die ihren Sohn noch nie geschlagen hatte, meinte eines Tages, sie müsse strenger werden. Sie sagte dem Kind, es solle selbst von draußen einen Stock holen. Der Junge kam wieder, einen Stein in der Hand und sagte: „Ich habe keinen Stock gefunden. Wenn du mich bestrafen willst, dann nimm den." Da

---

[9] aus ihrer Rede anläßlich der Verleihung des Friedenspreises des deutschen Buchhandels 1978

schämte sich die Mutter, und beide haben geweint. Das Kind bekam keine Schläge.

Selbst wenn wir nach anderen Prinzipien und Regeln erzogen wurden, die uns scheinbar in Fleisch und Blut übergegangen sind, liegt es an uns, uns Regeln zu wählen, die für unser Leben mit unseren Kindern gelten. Manchmal ist dazu Unterstützung nötig, vor allem dann, wenn es sehr negative persönliche Erfahrungen und Traumata aufzuarbeiten gilt. Wir sind es unseren Kindern schuldig, daß wir uns selbst mit unserer eigenen Geschichte auseinandersetzen – und nicht diese Last an unsere Kinder weitergeben.

Das System Familie

Es ist leicht und manchmal auch verführerisch, in der Eltern-Kind-Beziehung den Blickwinkel vor allem auf das Kind zu richten. Solange dies im Positiven geschieht, wenn man sich an der Entwicklung, der Lebendigkeit und den Leistungen des Kindes freuen kann, ist die Einseitigkeit nicht weiter problematisch. Wenn wir uns „anstecken" lassen von diesen kindlichen Ressourcen, kann das in uns Erinnerungen und Gefühle wieder wecken, die wir selbst verloren glaubten. In diesem Fall erfahren wir durch die Orientierung an unseren Kindern eine Bereicherung, die der gesamten Familie sicher nur guttun kann.

Die einseitige Betrachtung der Eltern-Kind-Beziehung wird kritisch, wenn sie hauptsächlich im Negativen geschieht. Dann wird das Kind zum Symptomträger und dient im Familiengeflecht als Sündenbock. Ein weit verbreitetes Beispiel kann diese Dynamik verdeutlichen. In der Ehe der Eltern gibt es massive Schwierigkeiten. Die Eltern können nicht mehr miteinander reden, teilen nicht mehr die gleichen Werte und Ziele und entfremden sich immer weiter voneinander. Das Klima in der Familie verschlechtert sich, was sich übrigens nicht unbedingt durch häusliche Szenen und Streitereien nach außen zeigen muß. Die Eltern bemühen sich nach Kräften, ihre Schwierigkeiten nicht vor dem Kind auszutragen und sich so „normal" wie möglich zu benehmen. Das scheint zunächst gut zu gehen, doch im Laufe der Zeit wird das Kind verhaltensauffällig, vielleicht aggressiv, vielleicht aber auch einzelgängerisch und abweisend. Natürlich muß dem Kind geholfen werden, und beide Eltern bemühen sich, einen geeigneten Therapeuten zu finden, der die Probleme des Kindes lösen kann. Zusätzlich weisen sie die „anmaßende" Lehrerin in die Schranken, die sie auf häusliche Schwierigkeiten hin anspricht, und sind insgesamt nach Kräften bemüht, das Kind wieder aufs rechte Gleis zu setzen. Um ihre eigenen Schwierigkeiten kümmern sie sich immer weniger, denn die Probleme des Kindes haben natürlich Vorrang. Dadurch entsteht im Laufe der Zeit ein zunehmendes Ungleichgewicht. In ihrem stetigen Bemühen um das Kind vernachlässigen sie die dringend notwendige Klärung ihrer eigenen Beziehung immer mehr. Sie konzentrieren ihre „Fürsorge" auf ihr Kind, das dadurch immer mehr in die Rolle des Symptomträgers gedrängt wird – eine Spirale, die sich weiter drehen wird.

Eltern, die „vor ihrer eigenen Tür kehren", entlasten dadurch das Kind unmittelbar. Es ist ohnehin eine Illusion, wenn wir glauben, als Eltern unsere Eheprobleme vor den Kindern auf Dauer geheimhalten zu können. Kinder haben sehr feine Antennen für Stimmungen innerhalb der Familie. Frauen, die das zweite Kind bekommen haben, berichten häufig, daß das erste Kind sehr früh „gespürt" hat, daß da etwas im Busch ist. Obwohl die Eltern noch nichts von der Schwangerschaft erzählt hatten, verhielt sich das Kind anders und merkte offensichtlich, daß sich etwas verändert hatte – obwohl diese Veränderung nicht sichtbar war und auch nicht darüber geredet wurde. Kinder können durchaus mit Schwierigkeiten der Eltern leben – wenn sie merken, daß sich Mutter und Vater um eine gemeinsame Lösung bemühen und sozusagen an einem Strang ziehen. Kritisch wird es dann, wenn beide Erwachsene gegeneinander kämpfen und die Kinder in diesen Konflikt hineingeraten. Emotional sind sie beiden verbunden, doch diese beiden sind nun gegeneinander. So kommen die Kinder in eine verwirrende und beängstigende Lage.

Ein Kennzeichen verantwortungsbewußter Eltern ist es, sich viel Gedanken um das Wohl ihrer Kinder zu machen und entsprechend zu handeln. Doch ebenso wichtig ist, daß wir als Eltern für unser eigenes Wohlergehen sorgen. Das betrifft zum einen uns ganz allein, unsere eigene „Psycho-Hygiene", und zum anderen unsere Partnerschaft und unsere sozialen Beziehungen. Eltern, die ihren Kindern vorleben, was es bedeutet, gut für sich selbst zu sorgen, geben ihnen ein wesentlich stärkeres Vorbild mit als die Eltern, die sich aufopfern, ihre eigenen Bedürfnisse verleugnen oder Konflikte unter den Teppich kehren – „den Kindern zuliebe".

Viele Eltern und Erzieher meinen nach wie vor, bei der Erziehung geht es vor allem um die Frage: „Was mache ich mit meinem Kind, damit es sich ändert?" Voraussetzung für positive Erziehung ist eine andere innere Haltung: „Was kann ich für mich selbst tun, damit es mir mit meinem Kind gutgeht?" Dann können wir so mit unseren Kindern umgehen, wie es für uns beide gut ist. Und dann kommt es auch nicht mehr darauf an, nur das Kind zu ändern, denn dann liegt das Augenmerk auf der gemeinsamen Entwicklung.

Unser Erziehungsverhalten wird sicher beeinflußt durch das Vorbild, das uns die eigenen Eltern in unserer Kindheit gegeben haben. Unser Verhalten richtet sich aber auch ganz wesentlich nach unseren eigenen – bewußten oder unbewußten – Fähigkeiten, Wertvorstellungen und Entscheidungen. Wenn wir als Erwachsene die Verantwortung für unser eigenes Erziehungsverhalten übernehmen, können wir die automatische Weitergabe von Grundhaltungen durch die Generationen unterbrechen. „Ich wurde doch auch so erzogen" ist eine bequeme Ausrede, die jede Verantwortung abschiebt. Als Erwachsene haben wir die Möglichkeit und auch die Aufgabe, eine Entscheidung zu treffen, wie wir mit unseren Kindern und mit uns selbst umgehen. Wenn wir merken, daß wir ungewollt negative Verhaltensanteile unserer Eltern weitertragen, liegt es an uns, das zu ändern. Manches können wir selbst, für anderes brauchen wir Unterstützung von außen, um den automatischen Kreislauf zu unterbrechen.

Auf dieser Basis können wir Eltern überlegen, was wir *für* unsere Kinder tun können (nicht *mit* ihnen), um sie in ihrer Entwicklung zu unterstützen. Unter dem Blickwinkel der guten Absicht gehen wir davon aus, daß das Kind in Ordnung ist, so wie es ist. Das Kind hat bestimmte Bedürfnisse, die es gerne erfüllen möchte. Daraus leitet sich die Absicht ab, die hinter seinem Verhalten steht. Das Verhalten selbst ist vielleicht noch nicht die optimale Lösung, doch die Absicht, die dahintersteht, ist für das Kind grundlegend positiv. Erziehung heißt also auch, daß wir unsere Kinder so unterstützen, daß sie neue Möglichkeiten finden, um ihre Absichten zu erfüllen. So entwickeln sich die Kinder zu selbständigen Menschen und lernen Wahlfreiheit und Verantwortung.

Es ist nicht unsere Aufgabe, unsere Kinder zu ändern. Wenn wir ihnen aber Raum schaffen, in dem sie sich selbst entfalten können, unterstützen wir ihre gesunde Entwicklung.

„Eure Kinder sind nicht eure Kinder.
Sie sind die Söhne und Töchter der Sehnsucht des Lebens
nach sich selber.
Sie kommen durch euch, aber nicht von euch.
Und obwohl sie mit euch sind, gehören sie euch doch nicht.
Ihr dürft ihnen eure Liebe geben, aber nicht eure Gedanken.
Denn sie haben ihre eigenen Gedanken.
Ihr dürft ihren Körpern ein Haus geben, aber nicht ihren Seelen.
Denn ihre Seelen wohnen im Haus von morgen, das ihr nicht
besuchen könnt,
nicht einmal in euren Träumen.
Ihr dürft euch bemühen, wie sie zu sein, aber versucht nicht,
sie euch ähnlich zu machen.
Denn das Leben läuft nicht rückwärts, noch verweilt es im Gestern."

Kahlil Gibran: Der Prophet

✍ Meine Erziehungs-Vorbilder

Welche Erziehungs-Methoden und Grundhaltungen Ihrer Eltern finden Sie in Ihrem eigenen Verhalten wieder?
 – Wie ging es Ihnen damit als Kind?
 – Was war die gute Absicht Ihrer Eltern?
 – Was ist für Sie und Ihre Kinder eine Möglichkeit, das Positive vom Vorbild Ihrer Eltern zu achten und weiterzugeben – und es in Ihr eigenes Verhalten sinnvoll zu integrieren?

✍ Neue Vorbilder

Welche neuen Vorbilder finden Sie in Ihrem Leben? Welche Kinder wirken auf Sie besonders glücklich, ausgeglichen und zufrieden? Was ist den Eltern dieser Kinder bei der Erziehung wichtig, und wie verwirklichen sie es? Was davon können und wollen Sie selbst bei der Erziehung Ihrer Kinder umsetzen?

✍ Geben und Nehmen

Was an Ihrem Eltern-Verhalten trägt dazu bei, daß sich Ihre Kinder in einer bestimmten Weise verhalten? Wenn dies negativ wirkt: Wie können Sie als Eltern Ihr Verhalten ändern? Wer oder was könnte Sie dabei unterstützen?

Zu guter Letzt

Ich freue mich über Rückmeldung von Ihnen, wie Ihnen das Buch gefallen hat und wie Sie von den Gedanken in diesem Buch profitiert haben. Wenn Sie Anregungen mitnehmen für Ihren Alltag, dann hat das Buch sein Ziel erreicht.

Wenn Sie mehr über die Anwendungsmöglichkeiten von NLP wissen möchten, schreiben Sie mir. Wir bieten regelmäßig Seminare und NLP-Fortbildungen an.

Meine Adresse: Daniela Blickhan
Asternweg 10 a
83109 Großkarolinenfeld
Tel. 0 80 31 / 5 06 01   Fax 0 80 31 / 5 04 09

Weiterführende Literatur

Wenn Sie mehr zum Thema Leben mit Kindern und/oder NLP lesen wollen:

Bettelheim, B.: Kinder brauchen Märchen. Stuttgart: dva, 4. Aufl. 1980

Blickhan, C.& D.: Denken, Fühlen, Leben. Vom bewußten Wahrnehmen zum kreativen Handeln mit NLP. Landsberg/Lech: mvg, 3. Aufl. 1994

Blickhan, D.: Mit Kindern wachsen. NLP im Alltag. Paderborn: Junfermann, 1996

Elschenbroich, G.: Du machst einen verrückt. Hilfen für unruhige Kinder und Eltern. Freiburg: Herder

Gordon, T.: Die neue Familienkonferenz. Hamburg: Hoffmann und Campe, 1993

Gordon, T.: Familienkonferenz. Hamburg: Hoffmann und Campe, 1972

Keller, C.: Windeln, Wut und wilde Träume. Frankfurt/Main: Fischer

Lorie, P.: Mit den Augen eines Kindes. München: Mosaik, 1989

Solter, A.: Wüten, toben, traurig sein. Starke Gefühle bei Kindern. München: Kösel, 1994

Skynner, R. & Cleese, J.: ... Familie sein dagegen sehr. Paderborn: Junfermann, 1988

Zimmer, K.: Versteh mich doch bitte! Über die alltäglichen Mißverständnisse zwischen Eltern und Kindern. München: Kösel, 1992

Zoller, E.: Die kleinen Philosophen. Vom Umgang mit „schwierigen" Kinderfragen. Freiburg: Herder, 1995

Eltern – nervt Eure Kinder nicht!

Christina Buchner
Kluge Kinder fallen nicht vom Himmel
Was Eltern alles tun können
Band 4573
Was zu welchem Zeitpunkt wichtig und richtig ist, zeigt Christina
Buchner an vielen praktischen Beispielen, Tips und Übungen.

Ingeborg Becker-Textor
Was in Kindern alles steckt
Begabungen entdecken und fördern – Anleitungen nach
Maria Montessori
Band 4561
Ein praktischer Ratgeber.

Xenia Frenkel
Was tut die Bananenschale unterm Bett?
Im Kinderchaos Nerven bewahren und Spielregeln finden
Band 4499
Kinder brauchen das kreative Chaos, aber auch klare Grenzen. Wie
Eltern bestimmte Regeln schaffen können.

Walter Pacher
Wenn Kinder keine Grenzen kennen
Konflikte lösen ohne Machtanwendung
Band 4494
Wie die Methode der Familienkonferenz erfolgreich sein kann, zeigt
Walter Pacher mit vielen Beispielen und Übungen.

Christine Brasch
Der gute Ton für kleine Rüpel – und entnervte Eltern
Band 4458
Der tägliche Kampf um Bitte und Danke hat ein Ende: ganz konkrete
und erprobte Hinweise zum Was und Wie des guten Benehmens.

HERDER / SPEKTRUM